Betriebswirtschaftslehre

Eine Einführung in hierarchischen Modulen

Band 4 – Privatrechtliche Formen von Betrieben –

2. Auflage

Eike Clausius

Danksagung

Der Verfasser bedankt sich an dieser Stelle bei all denjenigen, mit deren Anteilnahme und Mithilfe dieser Band entstanden ist. Besonders meine Studenten/ -innen der Einführung in die Betriebswirtschaftslehre trugen durch ihr ständiges Hinterfragen und ihre hilfreichen Anregungen zum Entstehen dieses Werkes bei.

Mein ganz persönlicher Dank gilt meiner Frau Evelyn, die mich vor familiären und zeitlichen Blockaden bewahrt, unterstützt und mir stets Mut zugesprochen hat: Ihr widme ich diese Publikation.

Eike Clausius
Berlin/ Zwickau 2018

Betriebswirtschaftslehre

– Eine Einführung in hierarchischen Modulen –

Band 4
– Privatrechtliche Formen
von Betrieben –

Eike Clausius

Berlin/ Zwickau 2018

2. Auflage

Bibliografische Information der Deutschen Nationalbibliothek:
Die Deutsche Nationalbibliothek verzeichnet diese Publikation in der Deutschen Nationalbibliografie; detaillierte bibliografische Daten sind im Internet über http://dnb.dnb.de abrufbar.

© 2018 Dr. Eike Clausius

Illustration: Dr. Clausius Consulting

Herstellung und Verlag: BoD – Books on Demand, Norderstedt

ISBN: 9-7838-3702-956-7

Inhaltsverzeichnis

1   Einführung in die Betriebswirtschaftslehre 3

2   Betrieb als Erkenntnisobjekt der Betriebswirtschaftslehre . 3

3   Konstitutionaler Rahmen von Betrieben 3

4   Konstitutionaler Rahmen: privatrechtliche Rechtsformen von Betrieben 4

  4.1   Bestimmungsfaktoren für die Rechtsformwahl von privatrechtlichen Betrieben 4

  4.2   Einzelbetrachtung privatrechtlicher Unternehmensformen 16

    4.2.1   Einführung - Betrachtung einzelner privatrechtlicher Unternehmensformen anhand von Bestimmungsfaktoren 16

    4.2.2   Einzelunternehmen 17

    4.2.3   Personengesellschaften 21

    4.2.4   Kapitalgesellschaften 35

    4.2.5   Besondere Rechtsformen 53

    4.2.6   Unternehmensmischformen 57

5   Konstitutionaler Rahmen: Unternehmenswendepunkte 65

6   Institutionaler Rahmen von Betrieben 65

Sachwortregister 66

Literaturverzeichnis 71

Über den Autor 72

Abbildungsverzeichnis

Abbildung 31 - Bestimmungsfaktoren für die Rechtsformwahl von privatrechtlichen Betrieben 4

Abbildung 32 - Betrachtung einzelner privatrechtlicher Unternehmensformen anhand von Bestimmungsfaktoren 16

Abbildung 33 - Einzelunternehmen - Bestimmungsfaktoren für die Rechtsformwahl 17

Abbildung 34 - Zusammensetzung von Personengesellschaften 21

Abbildung 35 - Offene Handelsgesellschaft - Bestimmungsfaktoren für die Rechtsformwahl 25

Abbildung 36 - Kommanditgesellschaft - Bestimmungsfaktoren für die Rechtsformwahl 30

Abbildung 37 - Zusammensetzung von Kapitalgesellschaften 35

Abbildung 38 - Aktiengesellschaft - Bestimmungsfaktoren für die Rechtsformwahl 36

Abbildung 39 - Beziehungsgeflecht der Organe einer Aktiengesellschaft (AG) 41

Abbildung 40 - Gesellschaft mit beschränkter Haftung – Bestimmungsfaktoren für die Rechtsformwahl 45

Abbildung 41 - Organe der Gesellschaft mit beschränkter Haftung 50

Abbildung 42 - Besondere Rechtsformen 53

Abbildung 43 - Unternehmensmischformen 57

Abbildung 44 - Das Beziehungsgeflecht einer GmbH & Co. KG ieS 59

Abbildung 45 - GmbH & Co. KG – Bestimmungsfaktoren für die Rechtsformwahl.... 60

1 Einführung in die Betriebswirtschaftslehre

Siehe Betriebswirtschaftslehre – eine Einführung in hierarchischen Modulen – Band 1.

2 Betrieb als Erkenntnisobjekt der Betriebswirtschaftslehre

Siehe Betriebswirtschaftslehre – eine Einführung in hierarchischen Modulen – Band 2.

3 Konstitutionaler Rahmen von Betrieben

Siehe Betriebswirtschaftslehre – eine Einführung in hierarchischen Modulen – Band 3.

4 Konstitutionaler Rahmen: privatrechtliche Rechtsformen von Betrieben

4.1 Bestimmungsfaktoren für die Rechtsformwahl von privatrechtlichen Betrieben

Abbildung 31 - Bestimmungsfaktoren für die Rechtsformwahl von privatrechtlichen Betrieben

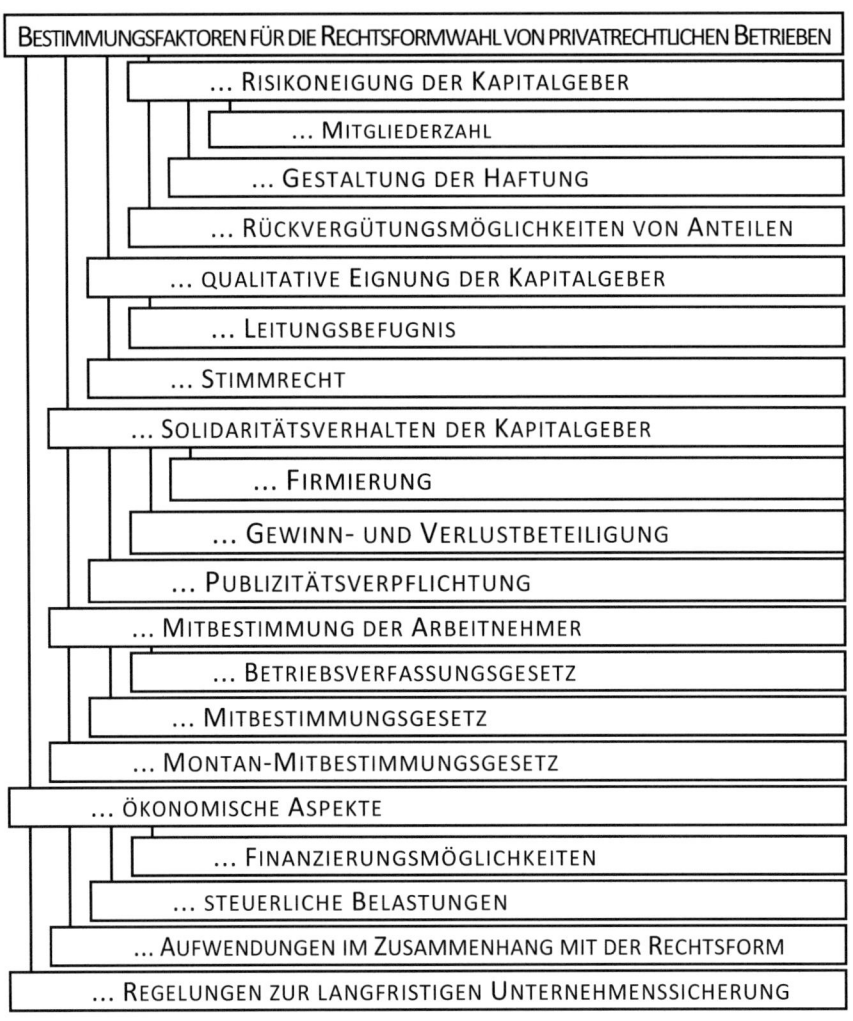

BESTIMMUNGSFAKTOREN FÜR DIE RECHTSFORMWAHL VON PRIVATRECHTLICHEN BETRIEBEN

Für die Entscheidung über die Wahl der geeigneten Rechtsform können mannigfaltige Faktoren herangezogen werden, die sich im überwiegenden Maße einer quantitativen Bewertung entziehen. Je nach subjektiver Einschätzung der Träger des Betriebs kann für die Entscheidung über die Rechtsform die **Nutzwertanalyse** als rationale, intersubjektiv nachvollziehbare Entscheidungstechnik für konstitutive Entscheidungen herangezogen werden. Diese wird insbesondere dann angewendet, wenn bei den Entscheidungsträgern multidimensionale Zielsetzungen bestehen und nicht alle Entscheidungskonsequenzen monetär quantifizierbar sind. Die Entscheidungsparameter zur Rechtsformwahl lassen sich untergliedern in

- RISIKONEIGUNG DER KAPITALGEBER,
- QUALITATIVE EIGNUNG DER KAPITALGEBER,
- SOLIDARITÄTSVERHALTEN DER KAPITALGEBER UND
- ÖKONOMISCHE ASPEKTE.

RISIKONEIGUNG DER KAPITALGEBER

Die **Risikoneigung der Kapitalgeber** beschreibt die Bereitschaft des Einzelnen, Wagnisse einzugehen, die subjektiv als sehr unterschiedlich empfunden werden. Risikoaspekte sind zu beachten bezüglich der

- MITGLIEDERZAHL,
- GESTALTUNG DER HAFTUNG UND
- RÜCKVERGÜTUNGSMÖGLICHKEITEN VON ANTEILEN.

MITGLIEDERZAHL

Die **Mitgliederzahl** einer Gesellschaft und die Anzahl der Gründer korrelieren i.d.R. bei Personengesellschaften direkt miteinander, während bei Kapitalgesellschaften die Zahl der Gründer und die Mitgliederzahl zum überwiegenden

Teil voneinander abweichen. Mit größer werdender Mitgliederzahl nimmt die direkte Einflussnahme auf das Unternehmensgeschehen ab.

GESTALTUNG DER HAFTUNG

Die **Haftung** bei Personen- und bei Kapitalgesellschaften ist grundsätzlich verschieden. Hier schlägt sich das Risikoverhältnis der (Eigen-)Kapitalgeber gegenüber Gläubigern besonders deutlich nieder.

Bei **Personengesellschaften** ist die Anzahl der Gründungsmitglieder bzw. der Gesellschafter eng verknüpft mit der Gestaltung der persönlichen Haftung. Bei ihnen haftet grundsätzlich zumindest eine Person voll und unbeschränkt, d.h. sie haftet auch mit ihrem **Privatvermögen**.

Bei **Kapitalgesellschaften** ist die Haftung grundsätzlich auf das **Betriebsvermögen** beschränkt. Werden sämtliche Vermögensteile liquidiert, so steht den Gläubigern lediglich das daraus resultierende liquide Vermögen zur Verfügung. Die an der Kapitalgesellschaft Beteiligten verlieren bei der Liquidation ausschließlich ihre Einlagen/ Beträge ihrer Anteile.

RÜCKVERGÜTUNGSMÖGLICHKEITEN VON ANTEILEN

Die **Gesellschafteranteile** bei Personengesellschaften sind meist schwer zu veräußern oder es sind gesellschaftervertraglich bestimmte Regelungen vorhanden, ohne die die Gesellschaft bei Personenwechsel aufgelöst werden würde. Die Personengesellschaft beruht auf dem einvernehmlichen Verhältnis der Personen untereinander.

Kapitalgesellschaftsanteile sind bei der Gesellschaft mit beschränkter Haftung leichter zu veräußern als bei Personengesellschaften, jedoch mit analogen Einschränkungen. Bei der Kapitalgesellschaftsform der Aktiengesellschaft sind die verbrieften Anteile (Aktien) jederzeit am Aktienmarkt veräußerbar. Damit kann jeder Anteilseigner einer Aktiengesellschaft bei Vertrauensschwund in das Unternehmen sich seinen Aktienwert über den (Aktien-)Markt rückvergüten lassen. Dieser Gesichtspunkt der hohen Fungibilität der Anteile eröffnet gleichzeitig für die Aktiengesellschaft die Möglichkeit, die Kapitalbasis durch Finanzierungen durch die Aufnahme neuer Kapitalgeber (Aktionäre) zu erweitern.

QUALITATIVE EIGNUNG DER KAPITALGEBER

Ein oft existentieller Gesichtspunkt bei der Wahl der Rechtsform ist die Frage, wie eine adäquate Unternehmensführung gewährleistet wird. Die Befugnis zur Leitung kann entweder auf den Schultern der Kapitalgeber ruhen oder das Unternehmen wird durch geeignete Personen (Manager/-in) geführt.

Darüber hinaus ist es wichtig, die Einflussmöglichkeiten als Kapitalgeber auf die Geschäfte des Unternehmens zu hinterfragen. So ist das Recht auf die Geschäftsführung der einzelnen Kapitalgeber bezüglich der Rechtsform sehr unterschiedlich. Dies findet seinen Ausdruck bei

- LEITUNGSBEFUGNIS UND
- STIMMRECHT.

LEITUNGSBEFUGNIS

Bezüglich der **Leitungsbefugnis** bzw. den Rechten und Pflichten der Kapitalgeber muss entschieden werden, ob die Leitung als Leitungsorgan selbst vorgenommen wird (**Selbstorganschaft**) und ob die qualitative Eignung zur Führung eines Unternehmens objektiv ausreichend ist, auch wenn subjektiv die Einschätzung positiv ausfällt, oder ob eine **Fremdorganschaft** angestrebt wird. Personengesellschaften stellen aufgrund ihrer persönlichen Integration ins Unternehmen i.d.R. höhere personelle und fachliche Qualitätsansprüche als Kapitalgesellschaften.

Streben die Kapitalgeber die Führung des Unternehmens an, so können sie zwischen einer Personengesellschaft mit gleichzeitig voller Haftung oder einer Gesellschaft mit begrenzter Haftung wählen.

Bei Kapitalgesellschaften ist eine gewisse Unabhängigkeit der (eventuell sogar selbst-)angestellten Geschäftsführer gegenüber Eingriffen durch die Anteilseigner gegeben.

Juristisch ist in Bezug auf die Leitungsbefugnis zu unterscheiden zwischen

- der **Geschäftsführung**, die sich auf das Innenverhältnis bezieht, und
- der **Vertretung**, die das Außenverhältnis der Gesellschaft gegenüber Dritten betrifft.

7

Während die Geschäftsführung bei allen Rechtsformen weitgehend zweckentsprechend in Abweichung von gesetzlichen Regelungen ausgestaltet werden kann (**dispositive Regelungen**), ist die Vertretungsmacht in ihrem Umfang weitgehend fixiert, um den rechtsgeschäftlichen Sachgüter-, Dienstleistungs- und Informationsverkehr zu erleichtern und abzusichern.

STIMMRECHT

Das **Stimmrecht** des Einzelnen, und damit die Möglichkeit mit seinen Ideen und Konzeptionen Einfluss auf das unternehmerische Geschehen zu nehmen, ist bei Personengesellschaften ausgeprägter als bei Kapitalgesellschaften. Dementsprechend ist das Stimmrecht bei Personengesellschaften prägnanter als bei Kapitalgesellschaften, da bei Ihnen aufgrund der großen Anzahl der Anteilseigner Koalitionen eingegangen werden müssen.

SOLIDARITÄTSVERHALTEN DER KAPITALGEBER

Die Gemeinsamkeiten, der persönliche Zusammenhalt und das Verhalten gegenüber Arbeitnehmern in einem Unternehmen werden als **Solidaritätsverhalten** der Kapitalgeber angesehen. Seine Ausprägung findet dieses Verhalten in den Personengesellschaften durch den vom Gesetzgeber herrührenden Aspekt des gemeinschaftlichen Handelns. Bei Kapitalgesellschaften steht mehr das finanzielle Interesse im Vordergrund als das Zusammenwirken von mehreren Personen hin auf ein gemeinsames Ziel.

Dieses auf emotionalen Gründen beruhende Solidaritätskriterium steht im Vordergrund der Betrachtung bei der

- FIRMIERUNG,
- GEWINN- UND VERLUSTBETEILIGUNG,
- PUBLIZITÄTSVERPFLICHTUNG UND
- MITBESTIMMUNG DER ARBEITNEHMER.

FIRMIERUNG

Allgemein gilt bezüglich des **Firmenrechts** (§§17 ff. HGB), dass als Name eines Unternehmens (**Firma**) nicht nur das Führen von **Personenfirmen** und **Sachfirmen** erlaubt ist, sondern auch **Phantasiefirmen** gestattet sind.

Die Nennung der/ des Vollhafters selbst bei Personengesellschaften bzw. der Geschäftszweck oder ein Gesellschaftername bei juristischen Personen (Kapitalgesellschaften) ist nicht (mehr) obligatorisch wie dies in der alten HGB-Version des Firmenrechts galt. Nach neuem Firmenrecht ist lediglich ein rechtsformcharakterisierender Zusatz vorgeschrieben, der entweder eine auszuschreibende oder verständlich abzukürzende Bezeichnung ist.

Es ist Aufgabe der Kapitalgeber sich gemeinsam (vor allem bei der Gründung eines Unternehmens) auf einen zweckdienlichen Namen zu einigen. Die Grenze zwischen Phantasiefirma und irreführender Firmenbezeichnung muss gewahrt sein.

Gewinn- und Verlustbeteiligung

Die **Gewinn- und Verlustbeteiligung** der einzelnen am Unternehmen beteiligten Personen beruht auf gesellschaftsrechtlichen Vorschriften, die weitgehend dispositiven Charakter besitzen, so dass im Gesellschaftervertrag oder in der Satzung von den gesetzlichen Regelungen abgewichen werden kann. So lässt sich die Gewinn- und Verlustbeteiligung bei Personengesellschaften angemessen anhand der Kriterien erbrachte Eigenkapitalanteile, übernommene Haftungsverpflichtungen und eventuelle Abgeltung der Tätigkeit für die Geschäftsführung regeln.

Bei Kapitalgesellschaften werden grundsätzlich nach den Eigenkapitalanteilen der Gewinn und bei Beanspruchung der Verlust verteilt.

Publizitätsverpflichtung

Das **Publizitätsgesetz** (PublG) bzw. das `Gesetz über die Rechnungslegung von bestimmten Unternehmen und Konzernen´ verpflichtet Einzelunternehmen und Personengesellschaften nur zur Veröffentlichung von Unterlagen, wenn sie bestimmte Größenmerkmale überschreiten.

Kapitalgesellschaften unterliegen grundsätzlich der **Publizitätspflicht**, wobei der Umfang der Offenlegung von den Größenmerkmalen Bilanzsumme, Umsatzerlös und der Zahl der Beschäftigten abhängt; börsennotierte Kapitalgesellschaften sind stets publizitätspflichtig (gemäß §267 Abs. 3 Satz 2 HGB). Neben einem subjektiv negativ bewerteten Zwang zur Publizierung wird oft übersehen, dass die Veröffentlichung eines Geschäftsberichts auch die Möglichkeit einer positiven Selbstdarstellung des Unternehmens bietet.

Mitbestimmung der Arbeitnehmer

Die **Mitbestimmung** der Arbeitnehmer ist bei Personengesellschaften im Betriebsverfassungsgesetz (BetrVG) und bei Kapitalgesellschaften entsprechend ihrer Arbeitnehmerzahl und Wirtschaftszweigzugehörigkeit in den dazugehörigen Gesetzen dargelegt, die die Mitbestimmung der Arbeitnehmer in Aufsichtsräten und Vorständen regeln, im

- Betriebsverfassungsgesetz (BetrVG),

- Mitbestimmungsgesetz (MitBestG) und

- Montan-Mitbestimmungsgesetz.

BETRIEBSVERFASSUNGSGESETZ

Um Arbeitnehmer eine angemessene, gemeinsame Vertretung zu geben und sie am betrieblichen Geschehen aktiv mitwirken zu lassen, sind im **Betriebsverfassungsgesetz** (BetrVG) vom 15. Januar 1972 die Aufgaben und die Wahl eines Betriebsrats inhaltlich geregelt.

Ein **Betriebsrat** kann in allen Betrieben mit mindestens fünf ständigen wahlberechtigten Arbeitnehmern (§1 BetrVG) in geheimer und unmittelbarer Wahl (§14 BetrVG) auf vier Jahre (§21 BetrVG) gewählt werden. Eine Pflicht zur Wahl eines Betriebsrats besteht nicht. Wahlberechtigt sind alle Arbeitnehmer, die das 18. Lebensjahr vollendet haben (§7 BetrVG). Wählbar sind alle Wahlberechtigten, die länger als sechs Monate dem Betrieb angehören (§8 BetrVG).

Die Zahl der Betriebsratsmitglieder richtet sich nach der Zahl der wahlberechtigten Arbeitnehmer (§9 BetrVG). In Betrieben mit über 300 Arbeitnehmern ist eine definierte Zahl der Betriebsratsmitglieder von den beruflichen Tätigkeiten freizustellen, da die Aufgaben eines Betriebsrats dieser Größenordnung als sehr umfangreich angesehen werden.

Die Zusammensetzung des Betriebsrats muss dem zahlenmäßigen Verhältnis von Angestellten und Arbeitern, der geschlechterbedingten Konstellation der Arbeitnehmerschaft sowie der Beschäftigungsart im Betrieb entsprechen (§§10, 15 BetrVG).

Als Aufgabe des Betriebsrats sind zu nennen:

- Überwachungsfunktion: Der Betriebsrat wacht darüber, dass die zugunsten der Arbeitnehmer geltenden Gesetze, Verordnungen, Unfallverhütungsvorschriften, Tarifverträge und Betriebsvereinbarungen durchgeführt werden.

- Förderungsfunktion: Der Betriebsrat hat die Eingliederung Schwerbehinderter und sonstiger schutzbedürftiger Personen sowie älterer und ausländischer Personen zu fördern als auch für die Belange von Jugendlichen zu beachten.

Als **Rechte des Betriebsrats** sind bspw. zu nennen (§§81ff. BetrVG):

- Mitbestimmungsrechte (§87 BetrVG),
- Mitwirkungs- und Beschwerderechte (§§81, 82 BetrVG),
- Unterrichtungs- und Beratungsrechte (§90 BetrVG) sowie
- Informationsrechte (§§81ff. BetrVG).

MITBESTIMMUNGSGESETZ

Das **Gesetz über** die **Mitbestimmung** der Arbeitnehmer (MitBestG vom 4. Mai 1976) ist für Unternehmen in der Rechtsform Aktiengesellschaft (AG), Kommanditgesellschaft auf Aktien (KGaA), Gesellschaft mit beschränkter Haftung (GmbH) oder eingetragene Genossenschaft (e. G.), die mehr als 2.000 Arbeitnehmer beschäftigen, konzipiert (§1 MitBestG).

Der Aufsichtsrat der genannten Gesellschaftsformen muss je zur Hälfte (paritätisch) aus Vertretern der Kapitaleigner und den Arbeitnehmern gebildet werden (§7 MitBestG). In diesen Unternehmen wird ein **Arbeitsdirektor** als gleichberechtigtes Mitglied in den Vorstand bzw. die Geschäftsleitung bestellt; dies gilt nicht für die Kommanditgesellschaft auf Aktien (§33 MitBestG).

MONTAN-MITBESTIMMUNGSGESETZ

Das `Gesetz über die Mitbestimmung der Arbeitnehmer in den Aufsichtsräten und Vorständen der Unternehmen des Bergbaus und der Eisen und Stahl erzeugenden Industrie´ (sogenanntes **Montan-Mitbestimmungsgesetz**) vom 21. Mai 1951 sieht in diesen Gesellschaften ein besonderes paritätisches **Mitbestimmungsrecht** im Aufsichtsrat und ebenfalls einen **Arbeitsdirektor** im Vorstand vor.

ÖKONOMISCHE ASPEKTE

Neben den genannten Faktoren für die Rechtsformwahl von privatwirtschaftlichen Betrieben müssen auch (betriebs-)wirtschaftliche Überlegungen mit ins Kalkül gezogen werden. Zu betrachten sind dabei Aspekte wie die

- FINANZIERUNGSMÖGLICHKEITEN,
- STEUERLICHE BELASTUNGEN,
- AUFWENDUNGEN IM ZUSAMMENHANG MIT DER RECHTSFORM UND
- REGELUNGEN ZUR LANGFRISTIGEN UNTERNEHMENSSICHERUNG.

FINANZIERUNGSMÖGLICHKEITEN

Ein wichtiges Kriterium, das oft bei der Rechtsformwahl vernachlässigt wird, ist unter wirtschaftlichen Gesichtspunkten die Frage nach den Möglichkeiten der **Finanzierung** des Betriebs.

Bei Personengesellschaften sind die Finanzierungsvolumina aufgrund der persönlichen Haftung eng an die persönlichen finanziellen Verhältnisse der Gesellschafter gekoppelt. Für wachstumsunterstützende Finanzierungen fehlen oft die für finanzielle Transaktionen notwendigen **Kreditsicherheiten**. So sind bspw. einer wünschenswerten Umstellung der Leistungserstellung auf rationellere Verfahren als gegenwärtig verwendete oder der Vergrößerung des Marktgewichts oft enge Grenzen gesetzt. Eine Erweiterung der Anzahl der Anteilseigner ist oft ohne eine diesbezügliche Teil- bzw. Einflussnahme an der Geschäftsführung nicht möglich; Umfirmierungen sind dann notwendig.

Bei der Rechtsform der Kommanditgesellschaft (KG), Kommanditgesellschaft auf Aktien (KGaA) oder der Aktiengesellschaft (AG) sind Finanzierungsmöglichkeiten durch die Aufnahme neuer Gesellschafter (Kommanditisten oder Aktionäre) einfacher zu bewältigen als bei idealtypischen Personengesellschaften.

Auch die Gesellschaft mit beschränkter Haftung (GmbH) ist bezüglich der Finanzierungsmöglichkeit eingeengt, da ihre Haftung beschränkt ist und eine persönliche Bindung des Kapitalgebers fehlt.

Steuerliche Aspekte spielen bei der Rechtsformwahl keine allzu wichtige Rolle; sie müssen zwar beachtet werden, entziehen kann sich Ihnen jedoch – außer auf kriminelle Weise – niemand. Sogenannte `Steuerersparnisse´ sind letztendlich zeitliche Steuerverlagerungen, sie sind lediglich ein Liquiditätskriterium. Bezüglich der **Steuern** kann grob unterschieden werden zwischen

- **Ertragsteuern** wie subjektorientierte (*Einkommensteuer*, *Körperschaftsteuer*) und objektorientierte Steuern (*Gewerbeertragsteuer*),
- **Substanzsteuern** wie subjektorientierte (*Vermögensteuer*) und objektorientierte Steuern (*Gewerbekapitalsteuer, Grundsteuer) und*
- **Verkehrssteuern** wie Umsatzsteuer, Gesellschaftssteuer, Grunderwerbsteuer.

Jede dieser genannten Steuerarten kann unterschieden werden in Bezug auf das Steuersubjekt (Steuerschuldner), das Steuerobjekt (Gegenstand der Steuer), die Bemessungsgrundlage als Quantifizierungsbasis des Steuerobjekts und den Steuertarif, die Bezifferung des Steuersatzes auf die Bemessungsgrundlage.

Aufwendungen, die im Zusammenhang **mit der Rechtsform** stehen, treten auf bei der Gründung bzw. Rechtsformumwandlung des Unternehmens und der steten Fortsetzung.

Personengesellschaften sind formfrei zu gründen, d.h. es existieren gesetzliche Regelungen, die in einem Gesellschaftervertrag dispositiv, den individuellen Gegebenheiten angepasst werden sollten. Die Firma der Personengesellschaften sollte bzw. muss je nach Rechtsform im Handelsregister eingetragen werden, ebenso die Firma der Kapitalgesellschaft.

Bei Kapitalgesellschaften muss der Gründungsvertrag der Kapitalgeber notariell beurkundet werden und bedarf der Schriftform. Neben den Notariats- und Gerichtskosten kommen bei der Aktiengesellschaft auch die des Aktien- und Informationsmaterialiendrucks hinzu.

Derweil für die Personengesellschaft während ihrer stetigen Existenz keine weiteren Kosten im Zusammenhang mit der Rechtsform auftreten, entstehen bei Veränderung der Personenzusammensetzung ihrer Mitglieder erneut Kosten, denen die Gründungsaufwendungen entsprechen.

REGELUNGEN ZUR LANGFRISTIGEN UNTERNEHMENSSICHERUNG

Sich bereits bei der Gründung eines Unternehmens mit Nachfolgeregelungen zu befassen, widerstrebt rein subjektiv emotional den meisten Unternehmensgründern. Aber **langfristig** an der **Unternehmenssicherung** Interessierte sollten schon zu Lebzeiten eine eventuelle Nachfolge beachten. Gerade Personengesellschaften erfordern aufgrund der engen Bindung der Personen an das Unternehmen eine qualifizierte Nachfolgeregelung. Da dies nicht immer gesichert ist, müssen im späteren Zeitabschnitt Rechtsformumwandlungen vorgenommen werden, die die weitere Existenz des Unternehmens bei qualitativen Nichtvermögen der Erben sichert.

Kapitalgesellschaften bieten für den Fall einer mangelnden fachlichen Qualifikation der Nachfolge die Möglichkeit, die Geschäftsführung auf qualifizierte Fremdorgane (Manager/-innen) zu übertragen. Dabei ist es wichtig, dass auch die entsprechenden Unternehmens-Nachfolger diesen Schritt eines managergeleiteten Unternehmens mit tragen. Speziell Familien-Aktiengesellschaften leiden andererseits jedoch darunter, dass die erblich begünstigten Nachfolger die Meinung vertreten, auch gute Manager im eigenen Unternehmen zu sein.

4.2 Einzelbetrachtung privatrechtlicher Unternehmensformen

4.2.1 Einführung - Betrachtung einzelner privatrechtlicher Unternehmensformen anhand von Bestimmungsfaktoren

Abbildung 32 - Betrachtung einzelner privatrechtlicher Unternehmensformen anhand von Bestimmungsfaktoren

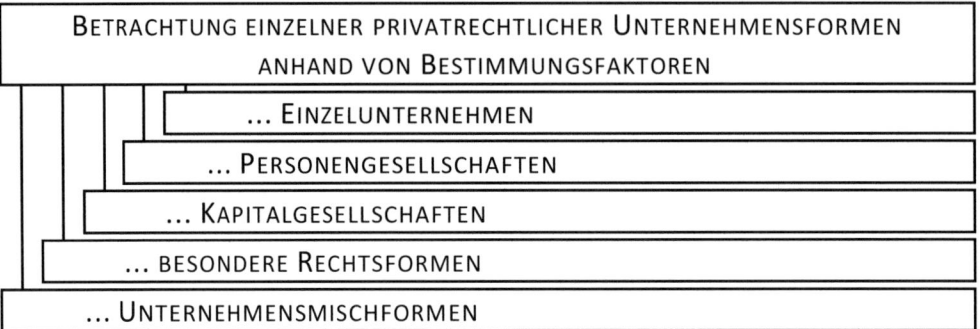

Wollen sich private Wirtschaftssubjekte unternehmerisch betätigen, so stehen ihnen ausschließlich die Rechtsformen des Privatrechts zur Verfügung. Jedoch auch die öffentliche Hand hat die Möglichkeit, sich privatwirtschaftlich am Wirtschaftsgeschehen zu beteiligen. **Privatrechtliche Betriebe** sind – wie schon oben dargestellt – erwerbswirtschaftlich geführte Wirtschaftseinheiten.

Im Folgenden werden anhand der im vorhergehenden Kapitel dargelegten Bestimmungsfaktoren unterschiedliche privatrechtliche Rechtsformen diskutiert:

- EINZELUNTERNEHMEN,
- PERSONENGESELLSCHAFTEN,
- KAPITALGESELLSCHAFTEN,
- BESONDERE RECHTSFORMEN UND
- UNTERNEHMENSMISCHFORMEN.

4.2.2 Einzelunternehmen

Abbildung 33 - Einzelunternehmen - Bestimmungsfaktoren für die Rechts-
formwahl

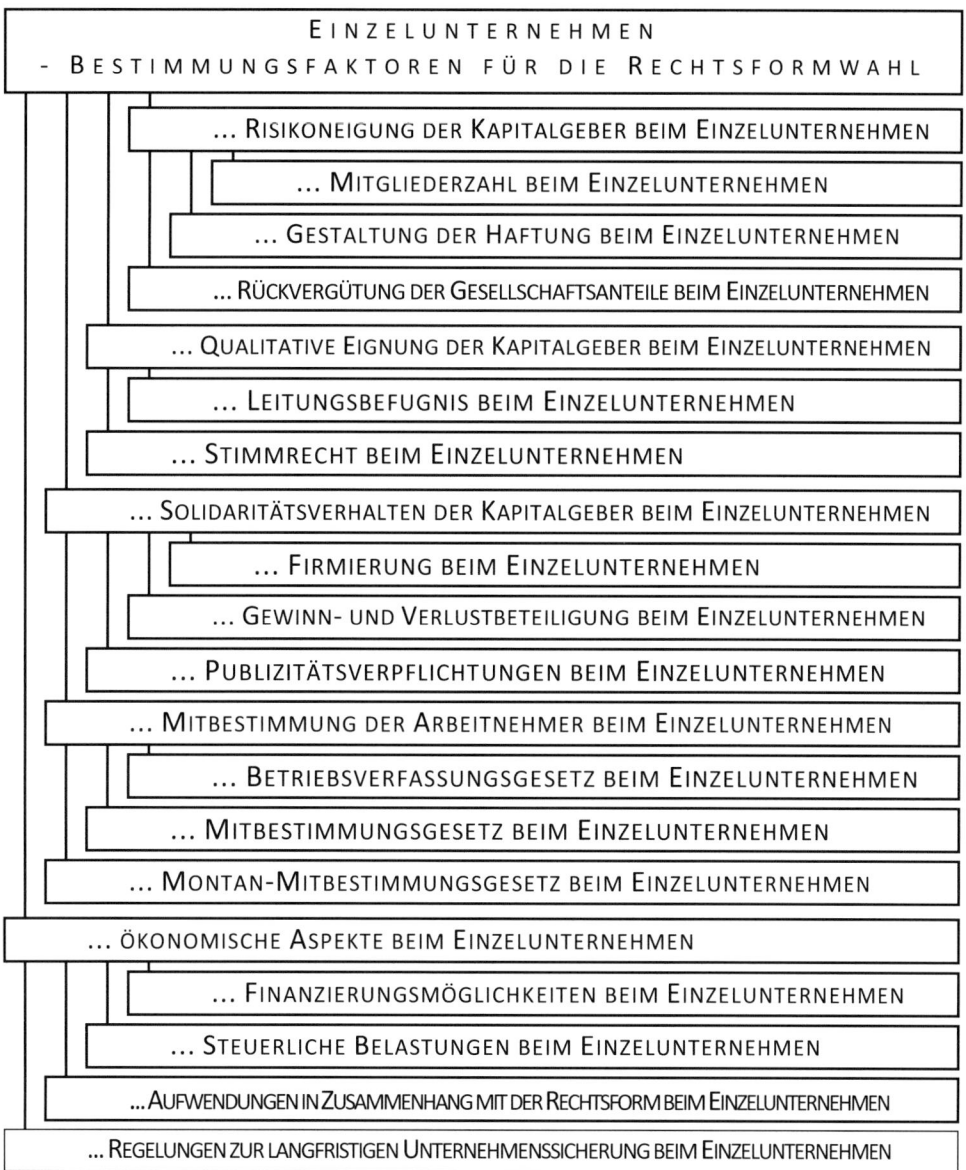

EINZELUNTERNEHMEN

Das **Einzelunternehmen** ist ein Gewerbebetrieb, dessen Eigenkapital von der Person aufzubringen ist, die das Unternehmen eigenverantwortlich leitet und allein das Risiko trägt. Es wird von einer einzelnen Person, dem/der Einzelunternehmer/-in, rechtlich repräsentiert und geführt. Für das Einzelunternehmen existiert kein besonderes Recht, sondern die Rechte und Pflichten leiten sich aus den Bestimmungen des BGB sowie den §§1-104 HGB ab.

MITGLIEDERZAHL BEIM EINZELUNTERNEHMEN

Ein Einzelunternehmen besteht aus einer Person, dem/ der Inhaber/-in.

GESTALTUNG DER HAFTUNG BEIM EINZELUNTERNEHMEN

Der/ die Einzelunternehmer/-in haftet für alle Verbindlichkeiten persönlich und unbeschränkt, d.h. mit dem gesamten Betriebs- und Privatvermögen.

RÜCKVERGÜTUNG DER GESELLSCHAFTSANTEILE BEIM EINZELUNTERNEHMEN

Ein Verkauf der Firma ist möglich und bei renommiertem Namen auch sinnvoll. Der Rechtsnachfolger darf den Namen des Betriebs weiterführen mit dem das Nachfolgeverhältnis andeutenden Zusatz `Inhaber´ und der Nennung seines Vor- und Nachnamens.

LEITUNGSBEFUGNIS BEIM EINZELUNTERNEHMEN

Das Unternehmen wird vom Inhaber allein nach innen geleitet und nach außen vertreten.

STIMMRECHT BEIM EINZELUNTERNEHMEN

Der Einzelkaufmann ist ` Frau/ Herr im eigenen Haus´ und entscheidet singulär. Die Existenz des Betriebs ist von der Entscheidung der/ des Einzelnen abhängig.

FIRMIERUNG BEIM EINZELUNTERNEHMEN

Nach alter Version des HGB musste die Firma – den Name des (voll-)kaufmännischen Unternehmens – seinen Familiennamen und (mindestens einen) Vornamen enthalten. Rechtsformspezifische Zusätze waren nicht gestattet.

In der neuen HGB-Version ist die Nennung des Familiennamens und eines Vornamens nicht mehr notwendig, jedoch der einzelunternehmerische Firmen-Zusatz `eingetragener Kaufmann´ bzw. `eingetragene Kauffrau´ sowie verständliche Abkürzungen wie `e.K.´, `e.Kfm.´ oder `e.Kfr.´ (§19 Abs. 1 Ziffer 1 HGB) (bspw. `Bits and Bytes e.K.´ statt nach der alten HGB-Version `Bernd Bahn, Computerfachgeschäft´). Die Firma besitzt keine eigene Rechtspersönlichkeit.

GEWINN- UND VERLUSTBETEILIGUNG BEIM EINZELUNTERNEHMEN

Dem/ der Inhaber/-in steht allein sämtlicher Gewinn bzw. Verlust zu. Der Erfolg in der Form des Gewinns oder Verlusts wird ausschließlich über den/ die Unternehmer/-in verrechnet.

MITBESTIMMUNG DER ARBEITNEHMER BEIM EINZELUNTERNEHMEN

Die Mitbestimmung der Arbeitnehmer ist durch das BetrVG geregelt.

PUBLIZITÄTSVERPFLICHTUNGEN BEIM EINZELUNTERNEHMEN

Die Verpflichtung zur Publizität besteht lediglich beim Überschreiten der Publizitätsgrenzen entsprechend §1 PublG.

FINANZIERUNGSMÖGLICHKEITEN BEIM EINZELUNTERNEHMEN

Die Höhe der Finanzierungsmöglichkeiten ist begrenzt durch die individuellen Möglichkeiten der Kreditsicherung, d.h. außer Privatvermögen und Krediten ist der/ die Einzelunternehmer/-in nur noch in der Lage, stille Gesellschafter ins Unternehmen aufzunehmen. Zu prüfen ist jedoch auch, ob regionale, nationale, europäische oder internationale Förderprogramme zur Finanzierung herangezogen werden können.

Steuerliche Belastungen beim Einzelunternehmen

Der/ die Einzelunternehmer/-in ist einkommensteuerpflichtig; der Steuerbetrag bemisst sich nach der Höhe des zu versteuernden Einkommens gemäß dem EStG.

Aufwendungen in Zusammenhang mit der Rechtsform beim Einzelunternehmen

Es existieren nur geringe Aufwendungen im Zusammenhang mit der Rechtsform.

Regelungen zur langfristigen Unternehmenssicherung beim Einzelunternehmen

Da der Betrieb an die Person des/ der Unternehmer/-in gebunden ist, sollten rechtzeitig – etwa zehn bis fünfzehn Jahre – vor dem regulär beabsichtigten Ausscheiden als leitende/-r Inhaber/-in an der Nachfolgeregelung gearbeitet werden. Stirbt die persönlich und unbeschränkt haftende Person, so wird das Unternehmen mit deren Erben weitergeführt, die ihrerseits das Haftungsverhältnis übernehmen oder das Unternehmen wird aufgelöst.

4.2.3 Personengesellschaften

4.2.3.1 Allgemeines zu Personengesellschaften

Abbildung 34 - Zusammensetzung von Personengesellschaften

PERSONENGESELLSCHAFTEN

Für die Existenz einer **Personengesellschaft** sind mindestens zwei Gesellschafter erforderlich. Um das grundsätzliche, innere Gefüge zur Realisierung des Betriebszwecks zu gewährleisten, kommt der Koordination der Gesellschafter eine besondere Bedeutung zu. Die Personengesellschaften haben **keine eigene Rechtspersönlichkeit**, sind somit **keine juristische Person,** sondern die einzelnen Gesellschafter sind rechtsfähig. Die Gesellschafter haben das Recht und die Pflicht − wenn vertraglich nichts anderes vereinbart ist −, die Gesellschaft nach innen zu führen und nach außen zu vertreten.

Das **Gesellschaftsvermögen** steht den Gesellschaftern als **Gesamthandsvermögen** zu. Bei Personengesellschaften haften das Gesellschaftsvermögen sowie die Kapitalgeber mit ihrem gesamten Vermögen (Vollhafter) oder bis zur Höhe der eingetragenen, aber nicht geleisteten Kapitaleinlage (Teilhafter). Die Existenz der Gesellschaft ist grundsätzlich abhängig von der physischen Existenz der am Unternehmen beteiligten Personen.

Die Besteuerung der Einkommen erfolgt nicht bei der Gesellschaft, da diese keine juristische Person und somit nicht körperschaftsteuerpflichtig ist, sondern bei den Gesellschaftern entsprechend in der für sie relevanten Höhe der Einkommensteuer.

Zu den Personengesellschaften lassen sich zählen die

- GESELLSCHAFT BÜRGERLICHEN RECHTS (GBR),
- STILLE GESELLSCHAFT,
- OFFENE HANDELSGESELLSCHAFT (OHG) UND
- KOMMANDITGESELLSCHAFT (KG).

4.2.3.2 Gesellschaft bürgerlichen Rechts

GESELLSCHAFT BÜRGERLICHEN RECHTS (GBR)

Die **Gesellschaft bürgerlichen Rechts** ist nach §705 BGB jeder (bewusste oder unbewusste) vertragliche Zusammenschluss von mindestens zwei natürlichen und/ oder juristischen Personen. Ziel ist die Förderung der Erreichung eines gemeinsamen Zwecks, der nicht ein Handelsgewerbe sein muss. Die GbR ist nicht selbständig rechtsfähig. Gesellschaftsanteile sind nicht übertragbar. Die auch als BGB-Gesellschaft bezeichnete Gesellschaft ist befristet zeit- und/ oder zweckorientiert gründbar, jederzeit kündbar und endet mit der Erfüllung des beabsichtigten Zwecks. Sie ist nicht ins Handelsregister einzutragen. Das Vermögen ist gemeinschaftliches Vermögen (Gesellschaftsvermögen) und stellt gegenüber dem Privatvermögen ein abgegrenztes Sondervermögen dar. Die Gesellschafter haften persönlich und unbeschränkt mit ihrem gesamten (Privat-)Vermögen gesamtschuldnerisch.

Die Geschäftsführung erfolgt gemeinschaftlich von allen Gesellschaftern – sogenannter **Gesamtgeschäftsführung** – soweit in einem Gesellschaftervertrag keine abweichenden Regelungen getroffen wurden. Die Vertretung der Gesellschaft durch Dritte ist nur mit Vollmacht der Gesellschafter möglich.

Die Gewinn- und Verlustverteilung erfolgt bei kurzfristiger Zwecksetzung nach der Auflösung, bei längerer Dauer der Gesellschaft jährlich und nach Anzahl der Gesellschafter.

Befristete vertragliche BGB-Gesellschaften sind nicht kündbar, sonst ist eine Kündigung jederzeit zulässig.

Der Tod oder die Eröffnung eines Insolvenzverfahrens eines Gesellschafters führt zur Auflösung der Gesellschaft. Bei der Auflösung werden eventuell gezahlte Beiträge (Einlagen) rückerstattet; der verbleibende Gewinn/ Verlust wird nach Kopfzahl verteilt.

Die BGB-Gesellschaft ist in ihren Erscheinungsformen ein Zusammenschluss von Freiberuflern (Sozietäten) oder eine Gelegenheitsgesellschaft wie es bspw. bei der Durchführung gewisser wirtschaftlicher Aktivitäten für beschränkte Zeit für Konsortien, Arbeitsgemeinschaften bei Bauvorhaben, Kartellen oder Interessen- bzw. Gewinngemeinschaften der Fall ist.

4.2.3.3 Stille Gesellschaft

STILLE GESELLSCHAFT

Die **Stille Gesellschaft** ist eine vertragliche Vereinbarung einer natürlichen oder juristischen Person mit einem Kapitalgeber (natürliche oder juristische Person), dessen (Kapital-)Einlage in das Vermögen des Kaufmanns übergeht (§230 Abs. 1 HGB), d.h. die Stille Gesellschaft besteht lediglich als Innengesellschaft, für Außenstehende ist deren Existenz nicht sichtbar.

Eine Stille Gesellschaft ist demnach eine unvollkommene Gesellschaft, da durch die Beteiligung eines Stillen Gesellschafters kein echtes Geschäftsverhältnis, sondern ein langfristig wirkendes Gläubigerverhältnis mit den Merkmalen einer Teilhaberschaft besteht. Trotz Gläubigerverhältnis ist der Stille Gesellschafter je nach vertraglicher Gestaltung am Gewinn oder Verlust beteiligt. Eine Stille Gesellschaft ermöglicht speziell Einzelkaufleuten ihre Kapitalbasis zu erweitern.

4.2.3.4 Offene Handelsgesellschaft

Abbildung 35 - Offene Handelsgesellschaft - Bestimmungsfaktoren für die Rechtsformwahl

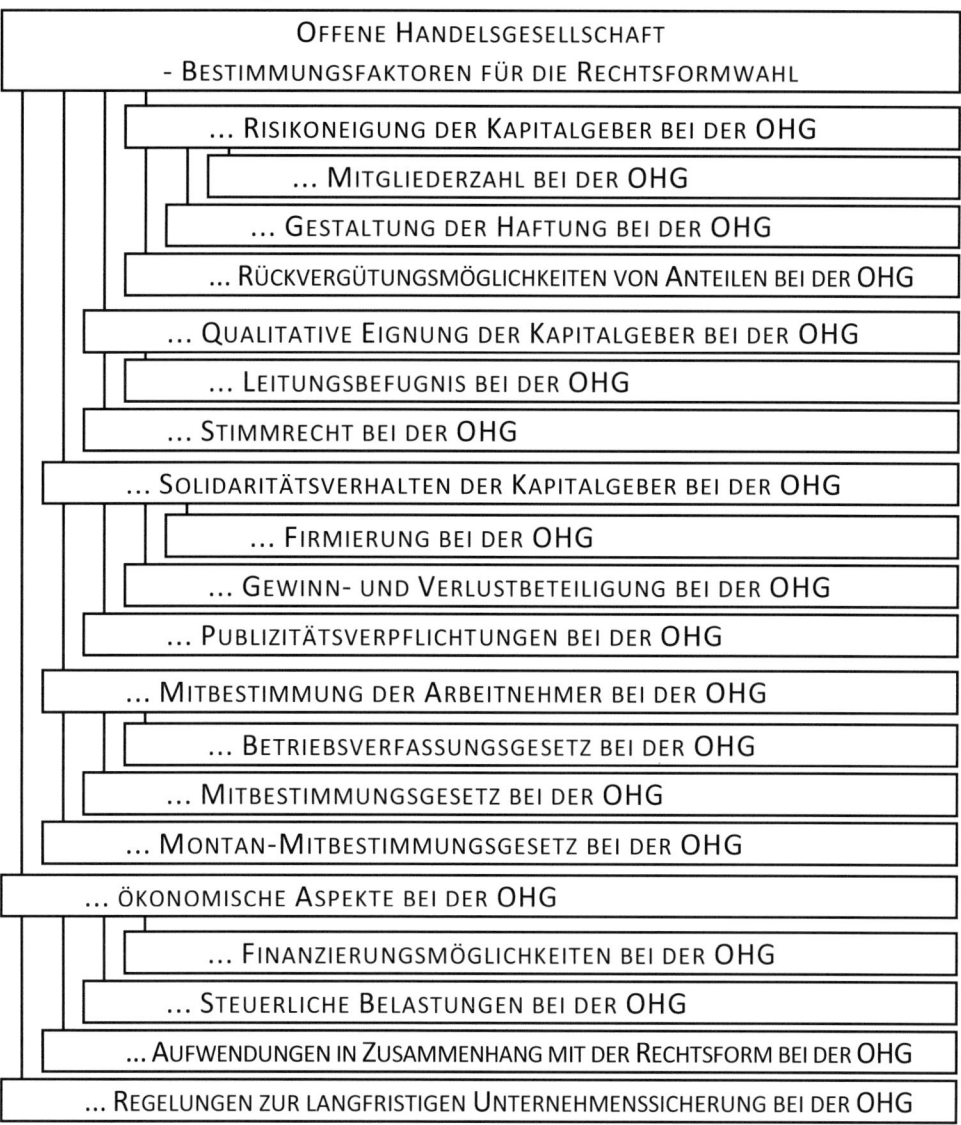

OFFENE HANDELSGESELLSCHAFT
- BESTIMMUNGSFAKTOREN FÜR DIE RECHTSFORMWAHL

... RISIKONEIGUNG DER KAPITALGEBER BEI DER OHG

... MITGLIEDERZAHL BEI DER OHG

... GESTALTUNG DER HAFTUNG BEI DER OHG

... RÜCKVERGÜTUNGSMÖGLICHKEITEN VON ANTEILEN BEI DER OHG

... QUALITATIVE EIGNUNG DER KAPITALGEBER BEI DER OHG

... LEITUNGSBEFUGNIS BEI DER OHG

... STIMMRECHT BEI DER OHG

... SOLIDARITÄTSVERHALTEN DER KAPITALGEBER BEI DER OHG

... FIRMIERUNG BEI DER OHG

... GEWINN- UND VERLUSTBETEILIGUNG BEI DER OHG

... PUBLIZITÄTSVERPFLICHTUNGEN BEI DER OHG

... MITBESTIMMUNG DER ARBEITNEHMER BEI DER OHG

... BETRIEBSVERFASSUNGSGESETZ BEI DER OHG

... MITBESTIMMUNGSGESETZ BEI DER OHG

... MONTAN-MITBESTIMMUNGSGESETZ BEI DER OHG

... ÖKONOMISCHE ASPEKTE BEI DER OHG

... FINANZIERUNGSMÖGLICHKEITEN BEI DER OHG

... STEUERLICHE BELASTUNGEN BEI DER OHG

... AUFWENDUNGEN IN ZUSAMMENHANG MIT DER RECHTSFORM BEI DER OHG

... REGELUNGEN ZUR LANGFRISTIGEN UNTERNEHMENSSICHERUNG BEI DER OHG

OFFENE HANDELSGESELLSCHAFT (OHG)

Eine **Offene Handelsgesellschaft** (§§107-160 HGB i.V.m. §§705-740 BGB) ist eine vertragliche Vereinbarung von mindestens zwei Personen zum Betrieb eines Handelsgewerbes unter gemeinschaftlicher Firma, deren Gesellschafter für die Gesellschaftsschulden gegenüber Gläubigern unmittelbar, **solidarisch** und unbeschränkt als Gesamtschuldner haften (§105 HGB). Die für die Offene Handelsgesellschaft typische Haftung bedeutet, dass die Gesellschaft/-er außenstehenden Dritten gegenüber mit ihrem (Gesamt-)Vermögen einstehen. Diese Situation ist gleichbedeutend mit der einer Gesellschaft bürgerlichen Rechts. Eine Gesellschaft bürgerlichen Rechts wird zur OHG, wenn sie ein Handelsgewerbe gemäß §1 HGB unter gemeinschaftlicher Firma betreibt.

Haftet keine natürliche Person persönlich, ist der Firma die Haftungsbeschränkung zusätzlich anzugeben (GmbH & Co. OHG) (§19 Abs. 2 HGB) Bspw. `Matsch und Schlamm OHG´ anstatt nach der alten HGB-Version `Fritz Müller & Erich Schmitt Bauunternehmen OHG´.

Die OHG besitzt als Personengesellschaft **keine eigene Rechtspersönlichkeit**, sie ist jedoch einer juristischen Person stark angenähert, da sie in der Lage ist, selbständig unter ihrer Firma Rechte zu erwerben und Verbindlichkeiten einzugehen. Es wird in diesem Zusammenhang von der **relativen Rechtsfähigkeit** gesprochen.

MITGLIEDERZAHL BEI DER OHG

Mindestens zwei Gesellschafter können eine Offene Handelsgesellschaft gründen.

GESTALTUNG DER HAFTUNG BEI DER OHG

Mit dem Betriebsvermögen sowie ihrem Privatvermögen haften die Gesellschafter der Offenen Handelsgesellschaft persönlich unbeschränkt, direkt sowie **solidarisch**. Die Gesellschafter sind verpflichtet, die im Gesellschaftervertrag festgesetzten Kapitaleinlagen zu leisten. Diese kann in Geld, Sachgütern oder Rechten bestehen. Eine Mindesteinlagenhöhe ist gesetzlich nicht vorgeschrieben (§706 BGB). Das persönliche Eigentumsrecht an den in der Gesellschaft eingebundenen Gütern erlischt, an ihre Stelle tritt das Gesamthands-vermögen.

RÜCKVERGÜTUNG DER GESELLSCHAFTSANTEILE BEI DER OHG

Die Kündigung durch einen Gesellschafter kann nur auf den Schluss des Wirtschaftsjahrs erfolgen unter Einhaltung einer sechsmonatigen Frist (§132 HGB). Die eventuelle Rückvergütung beim Ausscheiden aus der Gesellschaft sollte gesellschaftervertraglich fixiert werden.

LEITUNGSBEFUGNIS BEI DER OHG

Zur Leitung des gewöhnlichen Geschäftsbetriebs ist jeder Gesellschafter allein berechtigt und verpflichtet (§114 HGB), wenn nicht im Gesellschaftervertrag (dispositiv) andere Regelungen, wie der Ausschluss oder das Einbinden von Gesellschaftern bezüglich der Geschäftsführung erfolgt sind. Ist ein Gesellschafter von der Geschäftsführung ausgeschlossen, so hat er ebenso wie die übrigen Gesellschafter jederzeit das Recht sich persönlich über die wirtschaftliche Situation des Unternehmens zu unterrichten (§118 HGB). Gesellschafter unterliegen gesetzlich einem Wettbewerbsverbot. Der geschäftsführende Gesellschafter kann Prokuren und Handlungsvollmachten erteilen.

STIMMRECHT BEI DER OHG

Sämtliche Gesellschafter besitzen das gleiche Stimmrecht.

FIRMIERUNG BEI DER OHG

Die Firma einer OHG kann ein Personen-, Sach- oder Phantasiename sein, jedoch mit dem Zusatz `offene Handelsgesellschaft´ oder einer allgemein verständlichen Abkürzung wie bspw. `OHG´ (§19 Abs. 1 Ziffer 2 HGB).

GEWINN- UND VERLUSTBETEILIGUNG BEI DER OHG

Die Verteilung des erwirtschafteten **Gewinns** erfolgt zunächst als Vordividende in Form von **4%** auf die Kapitaleinlage, ein verbleibender **Rest** wird **nach**

Köpfen aufgeteilt (§121 HGB). Privatentnahmen und Einlagen eines Gesellschafters in einem Geschäftsjahr werden betrags- bzw. zinsmäßig berücksichtigt. Die Gewinnverteilung kann gesellschaftervertraglich von der gesetzlichen Regelung abweichend vereinbart werden (dispositiv).

MITBESTIMMUNG DER ARBEITNEHMER BEI DER OHG

Die Mitbestimmungen der Arbeitnehmer sind durch das BetrVG geregelt.

PUBLIZITÄTSVERPFLICHTUNGEN BEI DER OHG

Publizitätsverpflichtungen bestehen lediglich beim Überschreiten der Publizitätsgrenzen entsprechend §1 PublG.

FINANZIERUNGSMÖGLICHKEITEN BEI DER OHG

Neben einer Erhöhung des Eigenkapitals durch einbehaltene Gewinne ist eine Erhöhung lediglich durch die Aufnahme neuer Gesellschafter möglich. Aufgrund der damit verbundenen Mitspracherechte ist diese Form oft nicht erwünscht.

Die Fremdkapitalbeschaffung gestaltet sich aufgrund der größeren Anzahl an Schuldnern günstiger als bei Einzelunternehmen und ist abhängig von der Kreditwürdigkeit der Gesellschafter.

STEUERLICHE BELASTUNGEN BEI DER OHG

Die Besteuerung der erwirtschafteten Gewinne entspricht der beim Einzelunternehmen. Gewinne, ob sie entnommen oder einbehalten werden, unterliegen der Einkommensteuer mit dem Steuersatz, der von den persönlichen Einkünften der einzelnen Gesellschafter abhängig ist.

AUFWENDUNGEN IN ZUSAMMENHANG MIT DER RECHTSFORM BEI DER OHG

Auch wenn keine gesetzlich speziellen Aufwendungen bezüglich der Gründung bestehen, sollte die Firma durch Abschluss eines eventuell (notariellen)

Gesellschaftervertrags und durch Eintragung ins Handelsregister entstehen. Betreibt die Offene Handelsgesellschaft ein Handelsgewerbe nach §1 HGB, so besitzt die **Handelsregistereintragung deklaratorische Wirkung** (§123 Abs. 2 HGB); ist die Offene Handelsgesellschaft Soll- oder Kannkaufmann, unterhält sie einen Geschäftsbetrieb nach §2 HGB oder §3 HGB (Land- und Forstbetrieb), so hat die Handelsregistereintragung eine **konstitutive Wirkung**; erst mit der Eintragung wird die Gesellschaft rechtswirksam tätig.

REGELUNGEN ZUR LANGFRISTIGEN UNTERNEHMENSSICHERUNG BEI DER OHG

Durch die stark an die Personen der Gesellschafter gebundene Rechtsform, gilt das für das Einzelunternehmen dargestellte.

4.2.3.5 Kommanditgesellschaft

Abbildung 36 - Kommanditgesellschaft - Bestimmungsfaktoren für die Rechtsformwahl

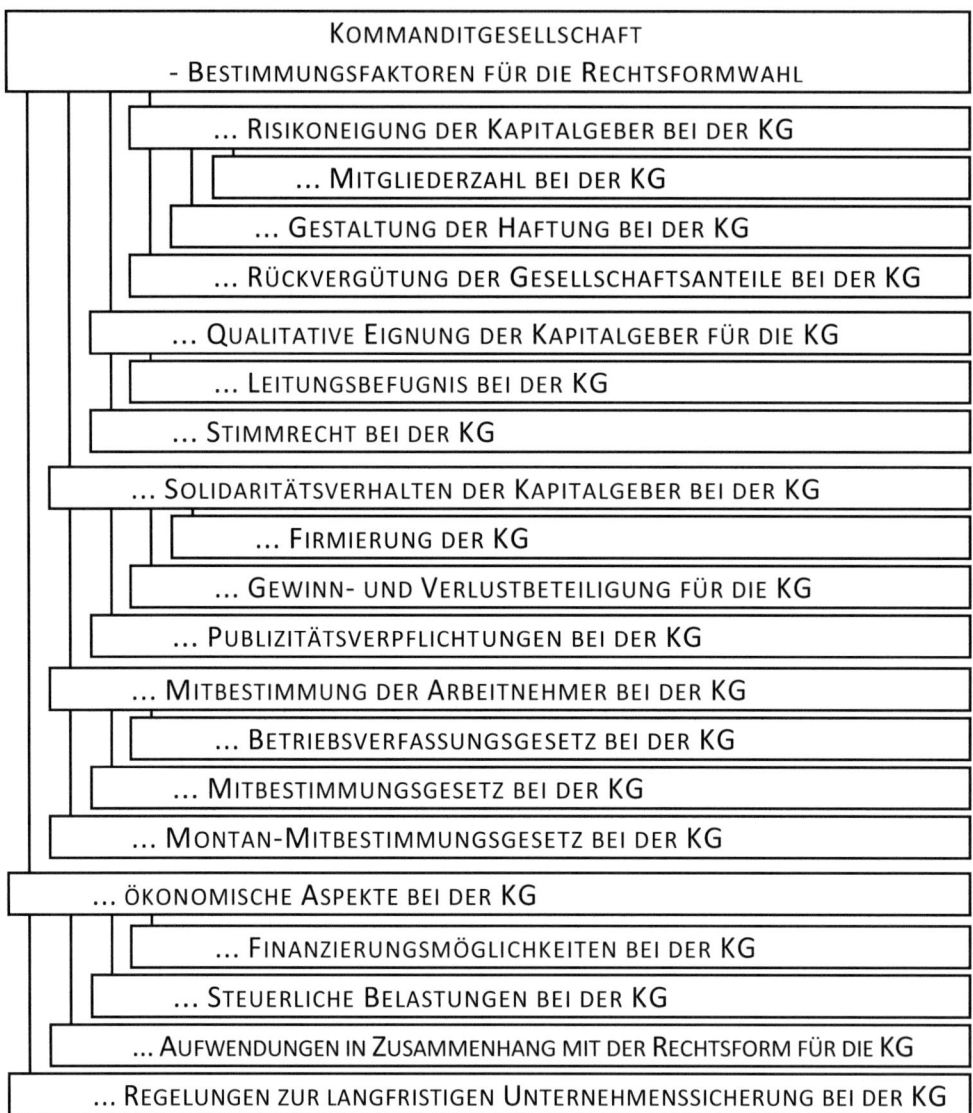

Die **Kommanditgesellschaft** (§§161-177 HGB) ist eine vertragliche Vereinbarung von mindestens zwei Personen zum Betrieb eines Handelsgewerbes unter gemeinschaftlicher Firma, bei der mindestens ein Gesellschafter unbeschränkt haftet (**Komplementär**), während für mindestens einen weiteren Gesellschafter als Kommanditisten/-in die Haftung auf die im Handelsregister eingetragene Einlage beschränkt ist (§§161, 171 HGB).

Die für die Kommanditgesellschaft typische Haftung bedeutet, dass der/ die Komplementär/-e außenstehenden Dritten gegenüber mit ihrem (Gesamt-)-Vermögen einstehen, während die **Kommanditisten** das Risiko des Verlusts ihrer Einlage tragen.

Bei der Kommanditgesellschaft können sowohl Teilhafter als auch Vollhafter juristische Personen sein, die oft in der Rechtsform einer Gesellschaft mit beschränkter Haftung (GmbH) als `GmbH & Co. KG´ oder `AG & Co. KG´ firmieren. Die Gestaltungsmöglichkeiten einer solchen gemischten Rechtsform sind weit gefächert.

Die Firma einer KG kann ein Personen-, Sach- oder Phantasiename sein, jedoch mit dem Zusatz `Kommanditgesellschaft´ oder einer allgemein verständlichen Abkürzung wie bspw. `KG´ (§19 Abs. 1 Ziffer 3 HGB). Haftet keine natürliche Person persönlich, ist der Firma die Haftungsbeschränkung zusätzlich anzugeben wie bspw. `GmbH & Co. KG´ (§19 Abs. 2 HGB) Bspw. `Schnell und Preiswert KG´ anstatt nach aller HGB-Version `Erich Kütter & Co., Gebäudereinigung´.

Ebenso wie die Offene Handelsgesellschaft (OHG) besitzt die Kommanditgesellschaft eine relative Rechtsfähigkeit; sie kann als einer juristischen Person stark angenähert bezeichnet werden, selbständig unter ihrer Firma Rechte und Pflichten eingehen.

MITGLIEDERZAHL BEI DER KG

Mindestens zwei Gesellschafter können die Kommanditgesellschaft gründen, von denen ein Gesellschafter unbeschränkt und persönlich haftet (Komplementär) und ein Gesellschafter beschränkt haftet (Kommanditist).

GESTALTUNG DER HAFTUNG BEI DER KG

Der Komplementär haftet analog den OHG-Gesellschaftern persönlich und unbeschränkt. Der Kommanditist haftet lediglich dann als Vollhafter, wenn die Kommanditgesellschaft als Gesellschaft vor Eintragung ins Handelsregister beginnt (§176 Abs. 1 HGB) bzw. – solange die Kapitaleinlage noch nicht voll erbracht ist – mit seinem Privatvermögen für die Restzahlung. Ansonsten haftet der Kommanditist nicht; er kann nur seine Kapitaleinlage bei der Unternehmensinsolvenz verlieren.

RÜCKVERGÜTUNG DER GESELLSCHAFTSANTEILE BEI DER KG

Kommanditisten haben die Möglichkeit, jederzeit unter Einhaltung einer Kündigungsfrist von mindestens sechs Monaten zum Schluss eines Geschäftsjahrs zu kündigen, wenn der Vertrag nichts anderes vorsieht. Rückvergütungen über die Kapitaleinlage hinaus sollten im Gesellschaftervertrag geregelt sein.

Für Komplementäre ist die Kündigung nur ein halbes Jahr auf den Schluss des Wirtschaftsjahrs möglich. Eine Rückvergütung beim Ausscheiden aus der Gesellschaft sollte gesellschaftervertraglich auf entsprechende Buchwerte des Vermögens beschränkt bleiben, um die Gesellschaft lebensfähig zu belassen. Mit dem Ausscheiden mehrerer oder des letzten persönlich haftenden Gesellschafters aus der KG wird die Gesellschaft nach den Vorschriften des HGB über die OHG aufgelöst (sie gelten analog für die KG §§161-177a HGB).

LEITUNGSBEFUGNIS BEI DER KG

Leitungsbefugt zur Geschäftsführung und Vertretung ist/sind der/die Komplementär/-e, solange nicht im Gesellschaftervertrag (dispositiv) andere Regelungen erfolgen. Die Komplementäre sind berechtigt, Prokuren und Handlungsvollmachten zu erteilen.

Kommanditisten sind ansonsten gesetzlich von der Vertretung der Kommanditgesellschaft ausgeschlossen (§170 HGB). Die Kommanditisten haben die Pflicht, ihre vertraglich festgelegten Einlagen zu leisten sowie das Recht über Mitteilungen des Jahresabschlusses des Unternehmens. Ein Recht zur fortwährenden Kontrolle – wie der von der Geschäftsführung ausgeschlossene Gesellschafter einer offenen Handelsgesellschaft – besteht nicht (§160 Abs. 3 HGB).

STIMMRECHT BEI DER KG

Der gewöhnliche Betrieb des Handelsgewerbes der Gesellschaft wird von dem/ den Komplementär/-en getätigt; der Kommanditist kann lediglich Geschäften widersprechen, die nicht zur gewöhnlichen Geschäftshandlung gehören, da er von der Geschäftsführung und Vertretung ausgeschlossen ist.

FIRMIERUNG DER KG

Die Firma einer KG kann ein Personen-, Sach- oder Phantasiename sein, ergänzt mit dem Zusatz `Kommanditgesellschaft´ oder einer allgemein verständlichen Abkürzung wie bspw. `KG´.

GEWINN- UND VERLUSTBETEILIGUNG BEI DER KG

Die Gewinnverteilung erfolgt mit **4%** – oder vertraglich höher – auf die Kapitaleinlage, der **Rest** wird **angemessen** verteilt (§168 HGB). Die Angemessenheit der Restgewinnverteilung sollte im Gesellschaftervertrag bestimmt sein. Kriterien wie bspw. Risikofreudigkeit und Haftungsbereitschaft sollten bei der `Angemessenheit´ berücksichtigt werden. Werden Gewinnanteile nicht ausbezahlt, so stellen sie Verbindlichkeiten der Kommanditgesellschaft dar; sie sind kein gewinnberechtigtes Kommanditkapital, sondern zinsforderndes Fremdkapital.

MITBESTIMMUNG DER ARBEITNEHMER BEI DER KG

Es gilt das BetrVG.

PUBLIZITÄTSVERPFLICHTUNGEN BEI DER KG

Publizitätsverpflichtungen bestehen lediglich beim Überschreiten der Publizitätsgrenzen entsprechend §1 PublG.

FINANZIERUNGSMÖGLICHKEITEN BEI DER KG

Die Gelegenheit der Eigenkapitalfinanzierung besteht in der Möglichkeit, die Einlagen zu erhöhen. Dies kann durch einbehaltene Gewinne geschehen, durch die Erhöhung der Kapitaleinlagen der Kommanditisten oder durch die Aufnahme neuer Kommanditisten. Entsprechend der Eigenkapitalbasis sowie der Kreditsicherungsmöglichkeiten ist die Aufnahme von Fremdkapital günstiger als beim Einzelunternehmen.

STEUERLICHE BELASTUNGEN BEI DER KG

Die steuerliche Belastung entspricht der persönlichen Einkommensteuer der einzelnen Gesellschafter.

AUFWENDUNGEN IN ZUSAMMENHANG MIT DER RECHTSFORM BEI DER KG

Für die schriftliche Fixierung des Gesellschaftervertrags entstehen ebenso Aufwendungen wie für die Eintragung ins Handelsregister.

REGELUNGEN ZUR LANGFRISTIGEN UNTERNEHMENSSICHERUNG BEI DER KG

Analog Offene Handelsgesellschaft (OHG).

4.2.4 Kapitalgesellschaften

4.2.4.1 Allgemeines zu Kapitalgesellschaften

KAPITALGESELLSCHAFTEN

Für die Existenz einer **Kapitalgesellschaft** ist Kapital erforderlich. Während bei Personengesellschaften die Koordination der Gesellschafter im Mittelpunkt der Betrachtung steht, ist bei Kapitalgesellschaften die Kapitalabgrenzung und Kontrolle der gesellschaftlichen Organe von zentraler Bedeutung, dies speziell bei **Fremdorganschaft** im Sinne einer Leitung des Betriebs durch Manager als Nichtanteilseigner.

Kapitalgesellschaften haben eine eigene Rechtspersönlichkeit, sind somit juristische Personen, die durch ihre entsprechenden Leitungsorgane (Vorstand, Geschäftsführer) vertreten werden. In der Regel steht nicht den Kapitalgebern die Geschäftsführung oder die Vertretung des Unternehmens zu, sondern dem Leitungsorgan. Die Kapitalgesellschaft ist selbst rechtsfähig. Das **Gesellschaftsvermögen** ist das (eigene) Vermögen der juristischen Person.

Als Haftungsvermögen steht Kapitalgesellschaften ausschließlich das Gesellschaftsvermögen zur Verfügung. Die Existenz der Gesellschaft ist vom Gesellschafterbestand unabhängig. Gewinne von Kapitalgesellschaften unterliegen der Körperschaftsteuer.

Abbildung 37 - Zusammensetzung von Kapitalgesellschaften

Als Kapitalgesellschaften sind zu nennen

- AKTIENGESELLSCHAFT (AG)
- GESELLSCHAFT MIT BESCHRÄNKTER HAFTUNG (GmbH) UND
- KOMMANDITGESELLSCHAFT AUF AKTIEN (KGaA)

4.2.4.2 Aktiengesellschaft

Abbildung 38 - Aktiengesellschaft - Bestimmungsfaktoren für die Rechtsformwahl

AKTIENGESELLSCHAFT
- BESTIMMUNGSFAKTOREN FÜR DIE RECHTSFORMWAHL

... RISIKONEIGUNG DER KAPITALGEBER BEI DER AG

... MITGLIEDERZAHL BEI DER AG

... GESTALTUNG DER HAFTUNG BEI DER AG

... RÜCKVERGÜTUNG DER GESELLSCHAFTSANTEILE BEI DER AG

... QUALITATIVE EIGNUNG DER KAPITALGEBER BEI DER AG

... LEITUNGSBEFUGNIS BEI DER AG

... STIMMRECHT BEI DER AG

... SOLIDARITÄTSVERHALTEN DER KAPITALGEBER BEI DER AG

... FIRMIERUNG BEI DER AG

... GEWINN- UND VERLUSTBETEILIGUNG BEI DER AG

... PUBLIZITÄTSVERPFLICHTUNGEN BEI DER AG

... MITBESTIMMUNG DER ARBEITNEHMER BEI DER AG

... BETRIEBSVERFASSUNGSGESETZ BEI DER AG

... MITBESTIMMUNGSGESETZ BEI DER AG

... MONTAN-MITBESTIMMUNGSGESETZ BEI DER AG

... ÖKONOMISCHE ASPEKTE BEI DER AG

... FINANZIERUNGSMÖGLICHKEITEN BEI DER AG

... STEUERLICHE BELASTUNGEN BEI DER AG

... AUFWENDUNGEN IN ZUSAMMENHANG MIT DER RECHTSFORM BEI DER AG

... REGELUNGEN ZUR LANGFRISTIGEN UNTERNEHMENSSICHERUNG BEI DER AG

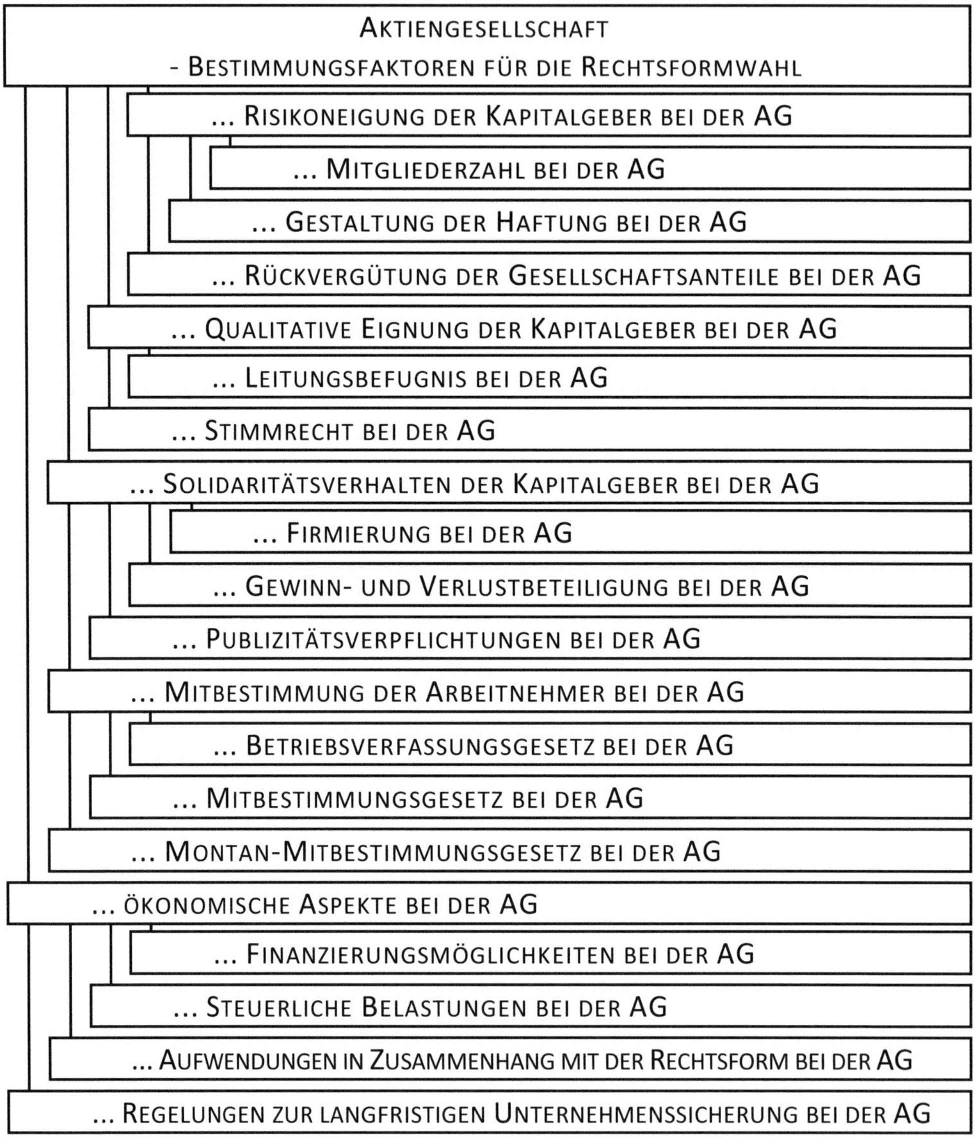

Die **Aktiengesellschaft** (AG) ist eine Handelsgesellschaft mit eigener Rechtspersönlichkeit (juristische Person), deren Gesellschafter (Aktionäre) sich an der AG mit Einlagen auf das in Aktien aufgeteilte Grundkapital beteiligen, ohne persönlich für die Verbindlichkeiten der Gesellschaft zu haften. Für die Verbindlichkeiten der Gesellschaft haftet den Gläubigern ausschließlich das Gesellschaftsvermögen (§§1, 3 AktG).

Die **Firma** einer AG kann ein Personen-, Sach- oder Phantasiename sein, jedoch mit dem Zusatz `Aktiengesellschaft´ oder einer allgemein verständlichen Abkürzung wie bspw. `AG´ (§4 AktG). Bspw. `Tick-Tack AG´ anstatt nach der alten HGB-Version 'Uhrenfabrik Ruhlow AG´.

Unabhängig vom Zweck der AG gilt sie stets als Handelsgewerbe und ist Kaufmann kraft Gesetzes (Formkaufmann). Von den Eigentümern der AG, den Aktionären, erfolgt eine Beteiligung an ihrer Gesellschaft durch den Erwerb von Anteilen des Grundkapitals - den Aktien. Das **Grundkapital** muss bei der Gründung einen Mindestbetrag von 50.000 € aufweisen.

Durch den Verkauf von Unternehmensanteilen, den Aktien, fließt sowohl bei der Gründung als auch bei einer (späteren) Kapitalerhöhung der AG das benötigte (Eigen-)Kapital zu. Der **Mindestnennbetrag** einer Aktie lautet auf 1,00 € (§8 AktG), höhere Aktiennennbeträge müssen auf volle Euro lauten. Aktien dürfen nicht **unter** dem **Nennwert** (**unter pari**) ausgegeben werden. Werden Aktien **über** dem **Nennwert**, **über pari**, ausgegeben, so werden sie mit Aufgeld (**Agio**) verkauft. Das Agio ist in die Kapitalrücklage einzustellen (§272 Abs. 2 HGB).

M ITGLIEDERZAHL BEI DER AG

Gegründet wird eine AG durch eine oder mehrere Personen (§2 AktG). Eine Ein-`Frau´/`Mann´-AG ist möglich, sinnhafter sind jedoch mehrere Personen. Die Gründer stellen einen Gesellschaftervertrag - die **Satzung** - auf, die besonderen Anforderungen gemäß §23 AktG unterliegt und notariell beurkundet werden muss. Die Gründungsmitglieder übernehmen alle Aktien gegen Einlagen; die Gesellschaft ist durch diesen Akt errichtet (§29 AktG). Die Einlagen können Barmittel (Bargründung gem. §27 AktG) oder Sachmittel und Rechte (Sachgründung gem. §27 AktG) sein oder die Gesellschaft übernimmt vorhandene oder herzustellende Anlagen oder andere Vermögensgegenstände (Sachübernahme).

Die Eintragung gem. §41 AktG ins Handelsregister ist konstitutiv (rechtserzeugend); bis zur Eintragung ins Register handeln die Gründer als Gesellschaft bürgerlichen Rechts mit sämtlichen Rechten und Pflichten.

Die Gründer bestellen den ersten Aufsichtsrat und den Abschlussprüfer für das erste Geschäftsjahr. Der Aufsichtsrat bestellt den ersten Vorstand (§30 AktG).

GESTALTUNG DER HAFTUNG BEI DER AG

Die Gesellschaft haftet mit ihrem Gesellschaftsvermögen gegenüber Gläubigern; sollten die (Gründungs-)Aktionäre noch von der Gesellschaft einzufordernde Einlagen auf übernommene Aktien haben, so haften diese der Gesellschaft lediglich bis zur Höhe dieses Betrags. Die sonstigen Aktionäre riskieren ausschließlich ihren Kapitaleinsatz.

RÜCKVERGÜTUNG DER GESELLSCHAFTSANTEILE BEI DER AG

Die Rückvergütung von Gesellschaftsanteilen erfolgt über das Angebot der Aktien an der Börse.

LEITUNGSBEFUGNIS BEI DER AG -> ORGANE DER AG

STIMMRECHT BEI DER AG -> ORGANE DER AG

FIRMIERUNG BEI DER AG

Die Firma einer AG kann ein Personen-, Sach- oder Phantasiename sein, ergänzt um den Zusatz `Aktiengesellschaft´ oder `AG´.

GEWINN- UND VERLUSTBETEILIGUNG BEI DER AG

Die Gewinn- und Verlustbeteiligung einer AG kann in unterschiedlicher Form durchgeführt werden. Ziel ist es, die Kontinuität der AG zu gewährleisten. Folgende Gewinn- und Verlustverteilungen sind möglich

- Abfluss des Jahresüberschusses,
- Einstellung in die gesetzliche Rücklage (§150 Abs. 2 AktG),
- Einstellung in die Rücklage für eigene Anteile (§272 Abs. 4 HGB),
- Einstellung in die satzungsmäßige (Gewinn-)Rücklage sowie
- Einstellung in andere Gewinnrücklagen (§272 Abs. 3 HGB).

MITBESTIMMUNG DER ARBEITNEHMER BEI DER AG

Die Mitbestimmung der Arbeitnehmer ist durch den Betriebsrat sowie durch die Arbeitnehmervertretung im Aufsichtsrat gegeben. Es gelten die Mitbestimmungen der Arbeitnehmer oder entsprechend das Montangesetz.

PUBLIZITÄTSVERPFLICHTUNGEN BEI DER AG

Je nachdem, ob es sich um eine kleine, mittelgroße oder große Kapitalgesellschaft handelt, werden im Umfang unterschiedliche Ansprüche an die Publizität gestellt. Generell lässt sich sagen: Je größer eine AG ist, desto mehr muss sie veröffentlichen; neben der obligatorischen Bilanz und GuV darüber hinaus auch einen Lagebericht und einen die Bilanz und GuV erläuternden Anhang.

FINANZIERUNGSMÖGLICHKEITEN BEI DER AG

Durch die Ausgabe von Aktien an das interessierte Publikum ist die AG besser als die anderen Rechtsformen in der Lage, durch eine beliebige Anzahl von Aktionären größte Kapitalbeträge aufzubringen. Darüber hinaus besitzt die Aktie eine Fungibilität, die Fähigkeit, jederzeit an Börsen oder über Banken verkauft und gekauft zu werden, so dass jeder Aktionär mit relativ niedrigen Kapitalbeträgen sein Beteiligungsverhältnis an der AG ändern kann. Diese Form der Außenfinanzierung durch Kapitalerhöhung kann durchgeführt werden als ordentliche Kapitalerhöhung, bedingte Kapitalerhöhung sowie genehmigte Kapitalerhöhung.[1]

Die Beschaffung von Fremdkapital ist gegenüber der GmbH und trotz der Beschränkung der Haftung auf das Gesellschaftsvermögen besser. Aufgrund strenger rechtlicher Vorschriften wird eine größere Kreditwürdigkeit durch vorhandene Vermögensteile unterstellt.

Steuerliche Belastungen bei der AG

Da die AG eine eigene Rechtspersönlichkeit besitzt, unterliegt sie einer besonderen Form der Einkommensteuer: der **Körperschaftsteuer**. Ausgeschüttete und im Unternehmen verbleibende Gewinne werden nach ihrer Höhe differenziert besteuert. Im Fall der ausgeschütteten Gewinne wird der bereits berücksichtigte Steueranteil im Zuge der Maßgabe des persönlichen Steuersatzes angerechnet (Anrechnungsverfahren).

Aufwendungen in Zusammenhang mit der Rechtsform bei der AG

Die Aufwendungen in Verbindung mit der Rechtsform der AG sind neben der **notariellen Satzung** auch in den Aufwendungen für Druck und **Ausgabe von Aktien,** Prospekten und Gründungsprüfung zu sehen. Da die AG publizitätspflichtig ist, sind die jährlichen Aufwendungen abhängig von der jeweiligen Größenordnung der AG geregelt. Darüber hinaus entstehen Aufwendungen für die **rechtsformspezifischen Organe**.

Regelungen zur langfristigen Unternehmenssicherung bei der AG

Die Mitglieder der Hauptversammlung (kompetente Aktionäre) sind an einer kontinuierlichen Fortsetzung des Unternehmens durch einen Vorstand interessiert. Der Vorstand selbst hat um eine Kontinuität der Geschäftsführung Sorge zu tragen und schlägt adäquate Nachfolger vor.

---

[1] Vgl. zu `Kapitalerhöhung´ in Band 8 dieser Reihe.

In der Aktiengesellschaft (AG) sind drei fundamentale Institutionen, die Organe der AG, auseinanderzuhalten. Der Zusammenhang zwischen den Organen der AG lässt sich aus der folgenden Abbildung ersehen.

Abbildung 39 - Beziehungsgeflecht der Organe einer Aktiengesellschaft (AG)

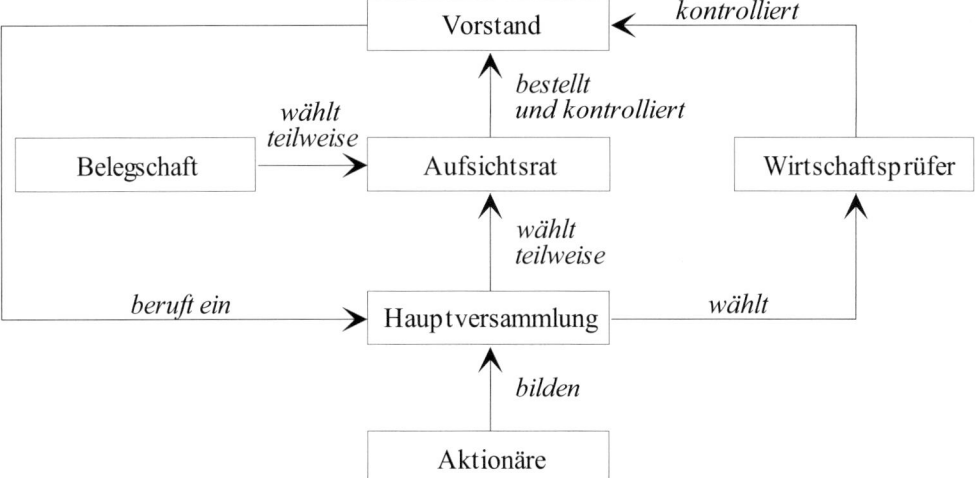

Als Organe der Aktiengesellschaft lassen sich nennen:

- VORSTAND DER AG,

- AUFSICHTSRAT DER AG UND

- HAUPTVERSAMMLUNG DER AG

VORSTAND DER AG

Der **Vorstand einer AG** besteht i.d.R. aus mehreren Personen und hat die gesetzliche Befugnis zur Geschäftsführung der AG nach innen und die Macht der Vertretung der AG nach außen; er ist das **Leitungsorgan der AG**. Der Vorstand kann Prokuren und Handlungsvollmachten erteilen.

Die Vorstandsmitglieder haben ihre Aufgaben mit der Sorgfalt eines ordentlichen und gewissenhaften Kaufmanns durchzuführen (§93 AktG). Sie unterliegen einem Wettbewerbsverbot (§88 AktG). Im Fall der Verletzung sind sie schadensersatzpflichtig.

Als Aufgaben des Vorstands sind zu nennen:

- eigenverantwortliche Leitung (§76 AktG),
- gerichtliche und außergerichtliche Vertretung (§78 AktG),
- regelmäßige – in einem mindestens vierteljährlichen Turnus – Berichterstattung gegenüber den Eigentümern und dem Aufsichtsrat (§90 AktG),
- Aufstellung der Jahresabschlüsse und der Lageberichte sowie Vorlage beim Abschlussprüfer (§264 HGB, §172 AktG),
- Einberufung der Hauptversammlung und Unterbreitung von Gewinnverwendungsvorschlägen bezüglich der Ausschüttung oder Kapitaleinbehaltung (§121 AktG),
- Antragstellung von Insolvenzen oder drohender Zahlungsunfähigkeit.

AUFSICHTSRAT DER AG

Der **Aufsichtsrat einer AG** wird von der Hauptversammlung auf vier Jahre gewählt. Der Aufsichtsrat bestellt den Vorstand für höchstens fünf Jahre mit der Möglichkeit der Wiederbestellung und kontrolliert die Tätigkeiten des Vorstands mit der Möglichkeit, diesen beim Vorliegen eines wichtigen Grundes abzuberufen. Der Aufsichtsrat ist das **Überwachungsorgan der AG**. Die Aufsichtsratsmitglieder sind wie der Vorstand zur Sorgfalt verpflichtet; die Verletzung der Obliegenheiten macht sie schadensersatzpflichtig.

Aufgrund der gesetzlichen Vorschriften des BetrVG hat der Aufsichtsrat in Gesellschaften mit weniger als 2.000 Arbeitnehmern mindestens drei, höchstens jedoch 21 Mitglieder; diese sind nach dem BetrVG von 1972 zu einem Drittel von den Arbeitnehmern zu wählen.

Als Aufgabe des Aufsichtsrats sind zu nennen

- Bestellung des Vorstands für höchstens fünf Jahre und bei der Vorlage eines wichtigen Grundes dessen Abberufung (§84 AktG),

- Überwachung der Tätigkeiten des Vorstands durch Wahl des Abschlussprüfers (§111 AktG),
- Einberufung einer außerordentliche Hauptversammlung bei Vorlage wichtiger Gründe, (§111 Abs. 3 AktG).
- Feststellung des Jahresüberschusses (§172 AktG),
- Erteilung des Prüfungsauftrages an den Abschlussprüfer (§111 Abs. 2 Satz 3 AktG i.V.m. §318 Abs. 1 Satz 4 HGB) nach Wahl des Abschlussprüfers durch die Hauptversammlung (§119 Abs. 1 Nr.4 AktG i.V.m. §318 Abs. 1 Satz 1 HGB) sowie Prüfung von Jahresabschlüssen, Lageberichten, der Prüfungsberichte des Abschlussprüfers und Unterbreitung von Vorschlägen für die Verwendung des Bilanzgewinns (§171 AktG),
- schriftliche Unterrichtung in der Hauptversammlung über die vorgenommenen Prüfungen (§171 AktG).

HAUPTVERSAMMLUNG DER AG

Die **Hauptversammlung einer AG** ist zwar das **Beschlussfassungsorgan der** Aktionäre, die mindestens einmal im Jahr stattfindet, sie ist aber weder zur Geschäftsführung noch zur Vertretung der Gesellschaft befugt. Stimmberechtigt sind ausschließlich die Aktionäre oder deren Vertreter.

Als Aufgaben der Hauptversammlung sind zu nennen

- Beschluss über existentielle Grundsatzfragen der AG, die eine Satzungsänderung bedürfen wie bspw. über eine Kapitalerhöhung oder -herabsetzung, einen Unternehmenszusammenschluss sowie über die Auflösung der AG (§119 AktG),
- Beschluss über die Verwendung des Bilanzgewinns,
- Wahl der Aufsichtsratsmitglieder durch die Kapitalseite mit einfacher Mehrheit (§101, 103 AktG),
- Feststellung der Jahresabschlüsse, wenn der Vorstand und der Aufsichtsrat dies der Versammlung überlässt oder wenn der Aufsichtsrat den Jahresabschluss des Vorstandes nicht billigt (§§172, 173 AktG),
- alljährliche Beschlussfassung über die Entlastung der Vorstands- und Aufsichtsratsmitglieder, über deren Mitglieder einzeln beschlossen werden kann (§120 AktG),

- Wahl der Abschlussprüfer und der Prüfer für Sonderprüfungen wie bspw. bei Unternehmenszusammenschlüssen.

4.2.4.3 Gesellschaft mit beschränkter Haftung

Abbildung 40 - Gesellschaft mit beschränkter Haftung – Bestimmungsfaktoren für die Rechtsformwahl

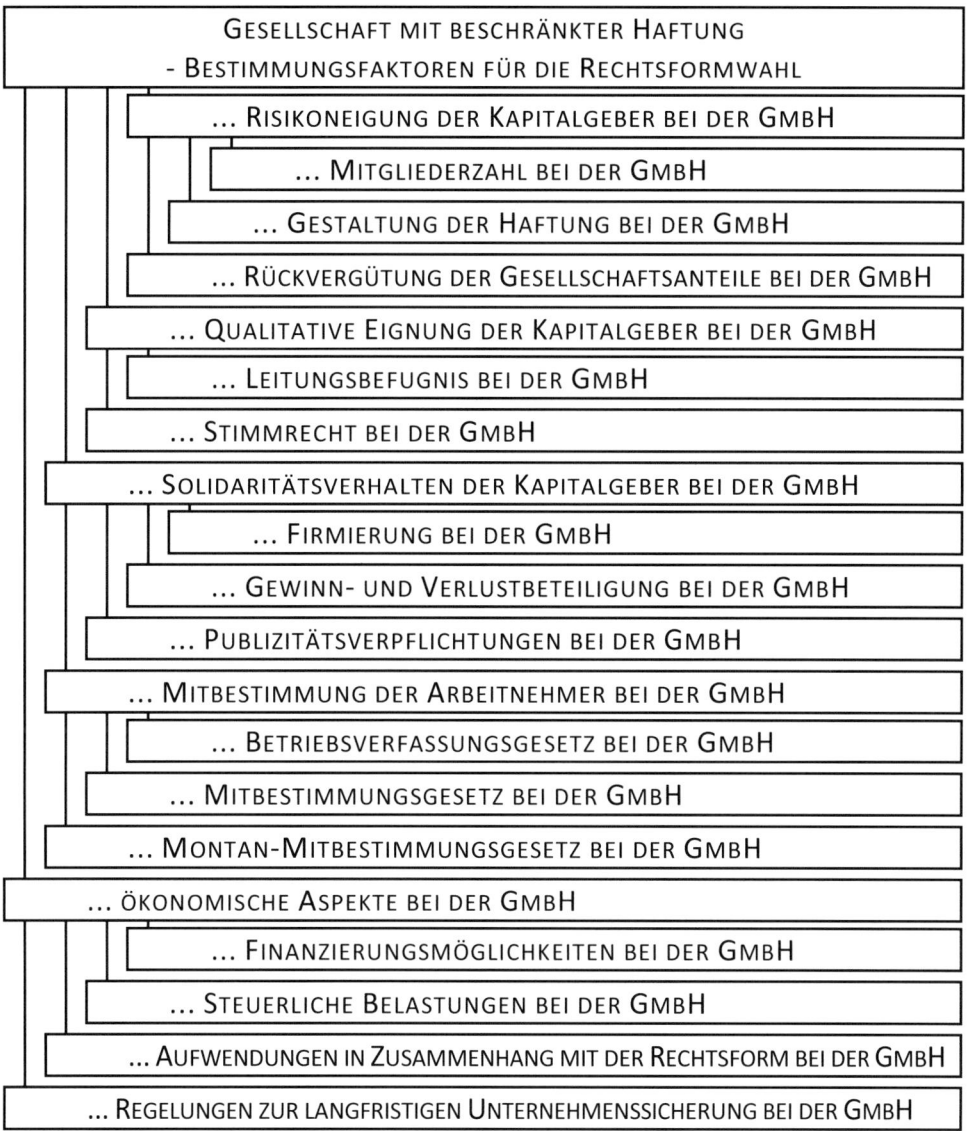

GESELLSCHAFT MIT BESCHRÄNKTER HAFTUNG
- BESTIMMUNGSFAKTOREN FÜR DIE RECHTSFORMWAHL

... RISIKONEIGUNG DER KAPITALGEBER BEI DER GMBH

... MITGLIEDERZAHL BEI DER GMBH

... GESTALTUNG DER HAFTUNG BEI DER GMBH

... RÜCKVERGÜTUNG DER GESELLSCHAFTSANTEILE BEI DER GMBH

... QUALITATIVE EIGNUNG DER KAPITALGEBER BEI DER GMBH

... LEITUNGSBEFUGNIS BEI DER GMBH

... STIMMRECHT BEI DER GMBH

... SOLIDARITÄTSVERHALTEN DER KAPITALGEBER BEI DER GMBH

... FIRMIERUNG BEI DER GMBH

... GEWINN- UND VERLUSTBETEILIGUNG BEI DER GMBH

... PUBLIZITÄTSVERPFLICHTUNGEN BEI DER GMBH

... MITBESTIMMUNG DER ARBEITNEHMER BEI DER GMBH

... BETRIEBSVERFASSUNGSGESETZ BEI DER GMBH

... MITBESTIMMUNGSGESETZ BEI DER GMBH

... MONTAN-MITBESTIMMUNGSGESETZ BEI DER GMBH

... ÖKONOMISCHE ASPEKTE BEI DER GMBH

... FINANZIERUNGSMÖGLICHKEITEN BEI DER GMBH

... STEUERLICHE BELASTUNGEN BEI DER GMBH

... AUFWENDUNGEN IN ZUSAMMENHANG MIT DER RECHTSFORM BEI DER GMBH

... REGELUNGEN ZUR LANGFRISTIGEN UNTERNEHMENSSICHERUNG BEI DER GMBH

Die **Gesellschaft mit beschränkter Haftung** (GmbH) ist ein Handelsgewerbe mit eigener Rechtspersönlichkeit (juristische Person), deren Gesellschafter sich mit **Stammeinlagen** am **Stammkapital** der Gesellschaft beteiligen, ohne persönlich für die Verbindlichkeiten der Gesellschaft zu haften. Für die Verbindlichkeiten der Gesellschaft haftet den Gläubigern ausschließlich das **Gesellschaftsvermögen** (§§13 Abs. 1, 2 GmbHG).

Das gesetzlich vorgeschriebene **Mindeststammkapital** beträgt 25.000 € (§5 GmbHG), das in der Bilanz als `gezeichnetes Kapital´ ausgewiesen ist (§42 Abs. 1 GmbHG). Der Nennbetrag jedes Geschäftsanteils muss auf volle Euro lauten (§1 Abs. 2 GmbHG. Ein Gesellschafter kann bei Errichtung der Gesellschaft mehrere Stammeinlagen übernehmen (§5 Abs. 2 GmbHG). Gesetzlich verlangt ist eine Mindesteinzahlung auf die Stammeinlage von 25% der im Gesellschaftervertrag vereinbarten Stammeinlage, mindestens jedoch 12.500€.

MITGLIEDERZAHL DER GMBH

Die Gesellschaft muss aus mindestens einer Person bestehen.

Die Gründer stellen einen Gesellschaftervertrag auf, in dem die Formen der Stammeinlagen registriert sind. (§3 GmbHG) Die Gründer wählen den ersten (Gesellschafter-)Geschäftsführer. Die Eintragung der GmbH ins Handelsregister ist rechtserzeugend, so dass die/der Gesellschafter vor dieser Eintragung als Gesellschafter einer GbR/ Einzelunternehmen mit allen Rechten und Pflichten handeln. (§7 GmbHG).

GESTALTUNG DER HAFTUNG DER GMBH

Die Gesellschaft haftet gegenüber Gläubigern mit ihrem Gesellschaftsvermögen. Die Gesellschafter haften der Gesellschaft gegenüber nur bis zum Betrag der einzufordernden Stammeinlage. Haben die Gesellschafter entsprechend der Satzung (dem Gesellschaftervertrag der GmbH-Gesellschafter) Nachschüsse beschlossen, so erstreckt sich die Haftung auch auf diese. Ist die Nachschusspflicht ihrer Höhe nach nicht limitiert, so kann sich der Gesellschafter durch das Zurverfügungstellen seines Gesellschaftsanteils entziehen (Abandonrecht) gemäß §§26, 27 GmbHG.

RÜCKVERGÜTUNG DER GESELLSCHAFTSANTEILE DER GMBH

Ihrem Wesen nach weist die GmbH als Kapitalgesellschaft trotz Haftungsbeschränkung auf die Kapitaleinlage deutliche Züge einer Personengesellschaft auf. Dies kommt nicht nur bei der Leitung der GmbH, sondern auch bei der Schwierigkeit, sich von der GmbH zu trennen, zum Ausdruck. Während die AG die Möglichkeit des Verkaufs von Anteilen am Markt vorsieht (Aktien an der Börse), existiert für GmbH-Anteile kein offizieller Markt. Zur Übertragung von Gesellschaftsanteilen durch die Gesellschafter bedarf es der notariellen Beurkundung (§15 GmbHG). Die Veräußerung von Teilen eines Gesellschaftsanteils kann ausschließlich nur mit Genehmigung der Gesellschafter stattfinden (§17 GmbHG). Eventuelle Rückvergütungsmöglichkeiten sollten im Gesellschaftervertrag geregelt sein.

LEITUNGSBEFUGNIS DER GMBH -> ORGANE DER GMBH

STIMMRECHT DER GMBH -> ORGANE DER GMBH

FIRMIERUNG DER GMBH

Die Firma einer GmbH sowohl kann ein Personen-, Sach- oder Phantasiename sein, jedoch mit dem Zusatz `Gesellschaft mit beschränkter Haftung´ oder einer allgemein verständlichen Abkürzung wie bspw. `GmbH´ (§4 GmbHG). Beispielsweise `Piep-Piep GmbH´ anstatt nach der alten HGB-Version `Vogelzucht GmbH´.

GEWINN- UND VERLUSTBETEILIGUNG DER GMBH

Die Gewinn-/ Verlustverteilung erfolgt nach dem Verhältnis der Geschäftsanteile der Gesellschafter, wenn der Gesellschaftervertrag keine anderen Verteilungsschlüssel bestimmt (§29 Abs. 1, 3 GmbHG).

Die Gewinn- und Verlustbeteiligung einer GmbH kann ähnlich der der AG erfolgen:

- Einstellung in die Rücklage für eigene Anteile: analog der AG;
- Einstellung in die gesellschaftervertraglich zu bildende Rücklage (§272 Abs. 3 HGB);
- Sieht der Gesellschaftervertrag keine Regelungen vor, so können die Gesellschafter über die Verwendung des Jahresgewinns beschließen, diesen Betrag auszuschütten, in die Gewinnrücklage einzustellen oder als Gewinnvortrag für das folgende Geschäftsjahr zu deklarieren (§29 Abs. 2 GmbHG);
- Die Gesellschafter haben grundsätzlich Anspruch auf ein um einen Gewinn- oder Verlustvortrag korrigierten Jahresabschluss;
- Ebenso werden Rücklagenzuführungen bei der Jahresüberschussermittlung berücksichtigt.

MITBESTIMMUNG DER ARBEITNEHMER DER GMBH

Es gilt das BetrVG bzw. bei großen GmbHs das Mitbestimmungsgesetz oder entsprechend das Montangesetz.

PUBLIZITÄTSVERPFLICHTUNGEN DER GMBH

Es gelten bei Kapitalgesellschaften grundsätzlich übliche Publizitätsverpflichtungen, wobei der Umfang der Offenlegung abhängig von der Unternehmensgröße ist (§1 PublG).

FINANZIERUNGSMÖGLICHKEITEN DER GMBH

Neben der Aufnahme neuer Gesellschafter in die GmbH, die eine Erhöhung des Stammkapitals bewirken und die Geschäftsanteile mit Vornahme der Stammeinlage übernehmen, kann eine Außenfinanzierung mit Eigenkapital durch folgende Aktivitäten vonstattengehen:

- die bisherigen Gesellschafter erhöhen das Stammkapital und übernehmen die erhöhte Stammeinlage,

- die bisherigen Gesellschafter beschließen eine über den Betrag der Stammeinlage hinausgehende Einzahlung (Nachschuss) – entsprechend des in der Satzung geregelten Vorgehens – zu leisten.

Die Außenfinanzierung mit Fremdkapital ist abhängig von den Kreditsicherungsmöglichkeiten der Gesellschaft. Auch persönliche Sicherungen durch die Gesellschafter sind denkbar.

STEUERLICHE BELASTUNGEN DER GMBH

Die GmbH ist wie alle Kapitalgesellschaften körperschaftsteuerpflichtig.

AUFWENDUNGEN IN ZUSAMMENHANG MIT DER RECHTSFORM DER GMBH

Neben der Handelsregistereintragung entstehen lediglich bei mehreren Personen Aufwendungen für die Gründung einer GmbH durch notarielle Gesellschafterverträge. Darüber hinaus entstehen Aufwendungen bezüglich der rechtsformspezifischen Organe, sowie bei mittelgroßen und großen Gesellschaften Aufwendungen für die Prüfung und die Veröffentlichung des Jahresabschlusses.

REGELUNGEN ZUR LANGFRISTIGEN UNTERNEHMENSSICHERUNG DER GMBH

Bei einer Fremdorganschaft ist es sinnvoll, rechtzeitig eine Nachfolgeregelung bezüglich der aktuellen Geschäftsführung einzuleiten, um eine langfristige Unternehmenskontinuität sicherzustellen.

Wird die Geschäftsführung durch Gesellschafter (Selbstorganschaft) vollzogen, so ist für eine rechtzeitige Nachfolgeregelung Sorge zu tragen. Diese ist jedoch gegenüber der Fremdträgerschaft aufgrund persönlicher emotionaler Bindungen schwierig. Hier gilt die Praxisregel: Etwa 15 Jahre vor dem eigentlichen Ausscheiden des Gesellschafter-Geschäftsführers sollten erste Schritte für eine Nachfolgeregelung getroffen werden.

Abbildung 41 - Organe der Gesellschaft mit beschränkter Haftung

ORGANE DER GMBH

Die Organe der GmbH sind

- GESCHÄFTSFÜHRER DER GMBH,
- AUFSICHTSRAT DER GMBH UND
- GESELLSCHAFTERVERSAMMLUNG DER GMBH.

GESCHÄFTSFÜHRER DER GMBH

Die Befugnis zur **Geschäftsführung** und **Vertretungsmacht** wird von einem/-r oder von mehreren Geschäftsführern ausgeübt (§6 GmbHG).

Die Geschäftsführer – das Leitungsorgan der GmbH - werden durch die Gesellschafterversammlung bestellt, entlastet und abberufen und vom Aufsichtsrat, sofern ein solcher satzungs- und rechtmäßig vorgesehen ist, kontrolliert (§§35ff. GmbHG). Geschäftsführer können Gesellschafter – **Gesellschafter-Geschäftsführer** in Form der **Selbstorganschaft** – oder Dritte – in Form der **Fremdorganschaft** – sein. Hat die Gesellschaft mehrere Geschäftsführer, so handeln sie gemeinschaftlich, solange im Gesellschaftervertrag dies nicht anders geregelt ist. Da die Geschäftsführer einer GmbH oft gleichzeitig auch Gesellschafter der GmbH sind, wird die enge Beziehung der GmbH zur Personengesellschaft deutlich. Die Namen der Personen und deren Art der Vertretungsmacht als Geschäftsführer sind ins Handelsregister einzutragen. Geschäftsführer können Prokuren und Handlungsvollmachten erteilen. Die Geschäftsführung ist das Leitungsorgan der GmbH.

Neben den Geschäftsführern existiert in Betrieben mit mehr als 2.000 Arbeitnehmern ein Arbeitsdirektor (§§1, 23 MitBestG).

AUFSICHTSRAT DER GMBH

Durch Gesellschaftervertrag kann die Bestellung eines **Aufsichtsrats** für die GmbH vorgeschrieben sein, wobei die für den Aufsichtsrat der AG geltenden Bestimmungen entsprechend anzuwenden sind, sofern im Gesellschaftervertrag nichts anderes bestimmt ist (§52 GmbHG). Bei mehr als 500 Arbeitnehmern ist ein Aufsichtsrat nach dem BetrVG notwendig (§129BetrVG), bei mehr als 2.000 Arbeitnehmern ist ein Aufsichtsrat sowohl im Rahmen des Mitbestimmungsgesetzes als auch des Montangesetzes vorgesehen (§1 MitBestG, §3 MG).

GESELLSCHAFTERVERSAMMLUNG DER GMBH

Der **Gesellschafterversammlung** als **Beschlussfassungsorgan** obliegen mannigfaltige Aufgaben (§§45 ff. GmbHG)

- Feststellen der Jahresabschlüsse und der Verwendung des Ergebnisses,
- Einfordern von Einzahlungen auf die Stammeinlagen,
- Einzahlung von Nachschüssen,
- Teilung sowie Einziehung von Gesellschaftsanteilen,
- Wahl des Abschlussprüfers,
- Bestellung, Entlastung und Abberufung von Geschäftsführern und
- Bestellung von Prokuristen und Handlungsbevollmächtigten.

Beschlüsse der Gesellschafterversammlung werden mit einfacher Mehrheit der abgegebenen Stimmen gefasst, wobei jeder Euro eines Gesellschaftsanteils eine Stimme gewährt (§47 Abs.2 GmbHG). Eine Gesellschafterversammlung kann unterbleiben, wenn sämtliche Gesellschafter sich mit der schriftlichen Stimmabgabe einverstanden erklären (§48 Abs. 2 GmbH).

4.2.4.4 Kommanditgesellschaft auf Aktien

KOMMANDITGESELLSCHAFT AUF AKTIEN (KGAA)

Die **Kommanditgesellschaft auf Aktien (KGaA)** ist eine Handelsgesellschaft mit eigener Rechtspersönlichkeit (juristische Person) gem. §278 Abs. 1 Satz 1 AktG, wobei den Gesellschaftsgläubigern gegenüber mindestens ein Gesellschafter unbeschränkt und persönlich haftet (Komplementär) und eine weitere Person oder Personen (natürliche und/ oder juristische Personen) sich an der Kommanditgesellschaft auf Aktien mit Einlagen auf das in Aktien aufgeteilte Grundkapital beteiligen (§278 Abs. 1 AktG), ohne persönlich für die Verbindlichkeiten der Gesellschaft zu haften (Kommanditaktionäre). Der Komplementär kann auch eine juristische Person der Form GmbH oder AG sein. Das **Grundkapital** bei der **KGaA** muss bei der Gründung einen Mindestbetrag von 50.000 € aufweisen.

Die Kommanditgesellschaft auf Aktien ist aufgrund ihrer eigenen Rechtspersönlichkeit im Hinblick auf ihre rechtliche Stellung der AG gleichgestellt und entsprechend als Kapitalgesellschaft auch im Aktiengesetz geregelt, auch wenn sie Merkmale einer Personengesellschaft aufweist (§§278-290 AktG, §§161-177 HGB).

Die Firma einer KGaA kann ein Personen-, Sach- oder Phantasiename sein, jedoch mit dem Zusatz `Kommanditgesellschaft auf Aktien´ oder einer allgemein verständlichen Abkürzung wie bspw. `KGaA´ (§279 AktG). Bspw. `Beta-Gamma GmbH & Co. KGaA´ anstatt nach der alten HGB-Version `Fritz Müller GmbH & Co. KGaA´.

Aufgrund der Seltenheit dieser Rechtsform in der täglichen Praxis soll auf eine weitere Darstellung verzichtet werden.

4.2.5 Besondere Rechtsformen

Abbildung 42 - Besondere Rechtsformen

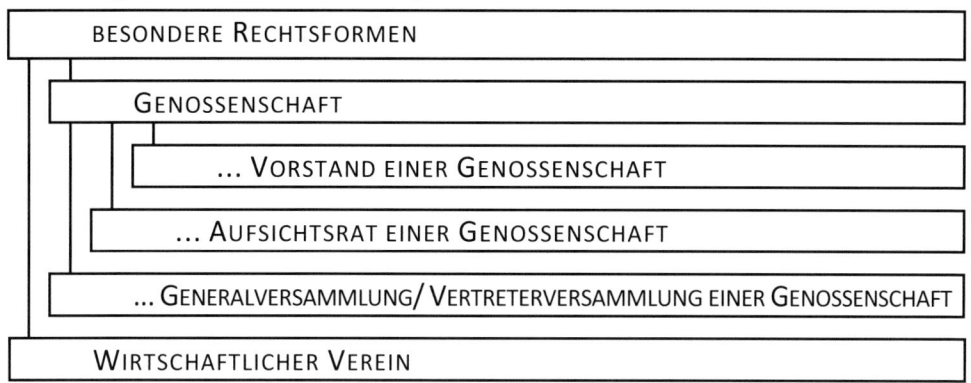

Als besondere Rechtsformen werden bezeichnet

- GENOSSENSCHAFT UND
- WIRTSCHAFTLICHER VEREIN.

GENOSSENSCHAFT

Neben den Versicherungsvereinen auf Gegenseitigkeit (VVaG) ist die **Genossenschaft** die bedeutendste gemeinwirtschaftliche Rechtsform des Privatrechts (§§1 ff. GenG). Die Genossenschaft ist eine Gesellschaft mit offener Mitgliederzahl, die die Förderung des Erwerbs oder der Wirtschaft ihrer Mitglieder durch gemeinschaftlichen Geschäftsbetrieb bezweckt, ohne dass die Genossen persönlich für die Verbindlichkeiten der Genossenschaft haften. Das Ziel einer Genossenschaft ist idealtypisch die Förderung ihrer Mitglieder und nicht Gewinnerzielung. Aufgrund der Zielsetzung der Genossenschaft besteht eine enge Geschäftsbeziehung zwischen den Genossen und ihrer Genossenschaft.

Die Gründung einer Genossenschaft muss mit mindestens drei Genossen[2] erfolgen, die sich ins Genossenschaftsregister (beim Amtsgericht) eintragen, nachdem sie einen schriftlichen Vertrag, genannt **Statut** über die Genossenschaft formuliert haben. Die Firma kann eine Sachfirma mit dem Zusatz eingetragene Genossenschaft (e.G.) sein.

Mitglied einer Genossenschaft kann jede natürliche und juristische Person sein. Der Eintritt in eine Genossenschaft erfolgt schriftlich und wird mit Eintragung in die vom Registergericht geführte Liste der Genossen wirksam.

Die Genossenschaft ist eine **juristische Person**, d.h. sie haftet – soweit das Statut nichts anderes vorsieht – mit ihrem Genossenschaftsvermögen für die Verbindlichkeiten. Die Organe einer Genossenschaft sind:

- VORSTAND EINER GENOSSENSCHAFT,
- AUFSICHTSRAT EINER GENOSSENSCHAFT UND
- GENERALVERSAMMLUNG/ VERTRETERVERSAMMLUNG EINER GENOSSENSCHAFT

VORSTAND EINER GENOSSENSCHAFT

Der Vorstand besteht aus mindestens zwei Genossen, die von der Generalversammlung/ Vertreterversammlung oder vom Aufsichtsrat aus dem Kreis der Genossenschaftsmitglieder gewählt werden und die Geschäftsführungs- und Vertretungsbefugnis hat. Bei Genossenschaften mit mehr als 2.000 Arbeitnehmern muss nach dem Mitbestimmungsgesetz ein Arbeitsdirektor bestellt werden. Die Vergabe von Prokuren und Handlungsvollmachten sind möglich.

AUFSICHTSRAT EINER GENOSSENSCHAFT

Der Aufsichtsrat muss aus mindestens 3 Personen aus den Reihen der Genossen bestehen. Sie werden von der Generalversammlung/ Vertreterversammlung gewählt. Nach dem BetrVG besteht der Aufsichtsrat bei mehr als 500 Ar-

---

[2] Vgl. Gesetz zur Einführung der Europäischen Genossenschaft und zur Änderung des Genossenschaftsrechts.

beitnehmern zu einem Drittel aus denselben. Bei mehr als 2.000 Arbeitnehmern ist der Aufsichtsrat paritätisch aus Genossen und Arbeitnehmern zu bilden.

GENERALVERSAMMLUNG/ VERTRETERVERSAMMLUNG EINER GENOSSENSCHAFT

Die Generalversammlung entspricht der Hauptversammlung der Aktiengesellschaft, hat jedoch größere Weisungsrechte gegenüber dem Vorstand. Die Generalversammlung wählt den Aufsichtsrat, den Vorstand und beschließt über die Verwendung des Jahresabschlusses. Die Abstimmung erfolgt nach Köpfen (nicht nach Genossenschaftsanteilen), d.h. jeder Genosse hat unabhängig von seinem Geschäftsanteil und der Höhe seines Geschäftsguthabens eine Stimme. Hat eine Genossenschaft mehr als 3.000 Mitglieder, so ersetzt eine mehr als 50-köpfige gewählte Vertreterversammlung die Generalversammlung.

Vereine sind kodifiziert in den §§21-79 BGB, die auch gleichzeitig die Basis aller Vorschriften über Kapitalgesellschaften bilden.

Der Begriff Verein wird umgangssprachlich vielschichtig angewendet, da auch Gesellschaften bürgerlichen Rechts als Vereine bezeichnet werden.

Differenziert werden diese in

- **nicht rechtsfähige Vereine**, nicht ins Vereinsregister eingetragene Vereine, die einer Gesellschaft bürgerlichen Rechts entsprechen und in ihrer ökonomischen Zweckausrichtung zu den Personengesellschaften der OHG sowie zu einer nicht wirtschaftlichen Zweckausrichtung führen, als auch
- **rechtsfähige Vereine** mit ökonomischer Zweckausrichtung oder auch nicht ökonomische Zweckausrichtung als eingetragener Verein (e.V.). **Rechtsfähige Vereine** regeln ihre innere Struktur durch eine Vereinssatzung. Der Verein wird gerichtlich und außergerichtlich ausschließlich vertreten durch den Vorstand, der jährlich durch die Mitgliederversammlung gewählt werden muss. Die Mitgliederversammlung und der Vorstand entscheiden stets mehrheitlich, lediglich die Auflösung des Vereins erfolgt mit 75%iger Mehrheit der Mitgliederversammlung. Der Verein haftet für Schulden mit dem Vereinsvermögen, die Vereinsmitglieder haften nicht persönlich.
  Ein ökonomisch orientierter Verein erhält seine Rechtsfähigkeit von der Landesinnenbehörde verliehen, wo sie beantragt werden muss. Nicht ökonomisch orientierte Vereine müssen sich beim Amtsgericht eintragen lassen, wozu sie spezielle Anforderungen bezüglich Satzung und Vorstand erfüllen müssen.

4.2.6 Unternehmensmischformen

Abbildung 43 - Unternehmensmischformen

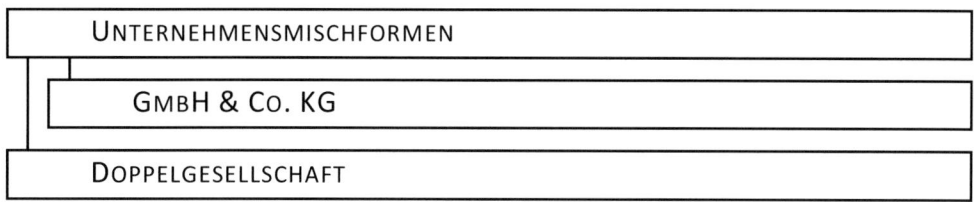

Von **Unternehmensmischformen** wird gesprochen, wenn eine Vermischung unterschiedlicher Grundtypen von Rechtsformen geschieht insbesondere durch die Beteiligung einer oder mehrerer Kapitalgesellschaften an einer Personengesellschaft.

Diesen Rechtsformkombinationen liegt das Ziel zugrunde, unterschiedliche Unternehmensgeschäfte durch unterschiedliche Gesellschaftsrechtsformen vornehmen zu lassen. Die Vorteile der einen Rechtsform sollen wahrgenommen werden, ohne dass sich die mit dieser Rechtsform verbundenen Nachteile auswirken. Durch die geeignete Rechtsformkombination wird eine Haftungsbeschränkung durch die Streuung der Haftung erreicht sowie steuerliche Aspekte dahingehend ausgenutzt, da die in manchen Fällen für Personengesellschaften steuerliche Situationen günstiger zu gestalten sind als bei Kapitalgesellschaften. Die Ziele der Haftungsminderung bei gleichzeitig geringerer steuerlicher Belastung sind bei den idealtypischen Rechtsformen nicht zu erreichen.

Typische Kombinationen von Rechtsformen sind Kommanditgesellschaften, deren Komplementär eine juristische Person (Kapitalgesellschaft) ist, in der Ausprägung GmbH & Co. KG sowie AG & Co. KG.

Weitere Kombinationen von Rechtsformen sind Offene Handelsgesellschaften, deren `Vollhafter´ juristische Personen in der Rechtsform einer GmbH oder einer AG sind GmbH & Co. OHG sowie AG & Co. OHG.

Darüber hinaus besteht die Möglichkeit einer **Betriebsaufspaltung** als Doppelgesellschaft.

Aufgrund der praktischen Relevanz der Unternehmensmischformen wird kurz eingegangen auf die

- GMBH & CO. KG UND
- DOPPELGESELLSCHAFT

GMBH & CO. KG

Die GmbH & Co. KG ist eine vertragliche Vereinbarung analog einer Kommanditgesellschaft, bei der jedoch der Gesellschafter, der unbeschränkt haften sollte (Komplementär), durch eine juristische Person in der Form einer GmbH repräsentiert wird.

Zu unterscheiden sind

- GMBH & CO. KG IM ENGEREN SINNE (IES) UND
- GMBH & CO. KG IM WEITEREN SINNE (IWS).

GMBH & CO. KG IM ENGEREN SINNE (IES)

Sind die Gesellschafter der GmbH und der KG äquipersonal konstituiert, d.h. sind die Personen beider Gesellschaften identisch, so wird von einer GmbH & Co. KG im engeren Sinne gesprochen.

GMBH & CO. KG IM WEITEREN SINNE (IWS)

Beteiligen sich weitere Gesellschafter als Kommanditisten an der KG, die nicht Gesellschafter der GmbH sind, so wird von einer GmbH & Co. KG im weiteren Sinne gesprochen.

BEZIEHUNGSGEFLECHT EINER GMBH & CO. KG IES

Das Beziehungsgeflecht einer GmbH & Co. KG ieS veranschaulicht die folgende Abbildung, bei der Gesellschaft 1 eine 70%ige Mehrheit der GmbH als auch als Kommanditist bei der KG besitzt.

Abbildung 44 - Das Beziehungsgeflecht einer GmbH & Co. KG ieS

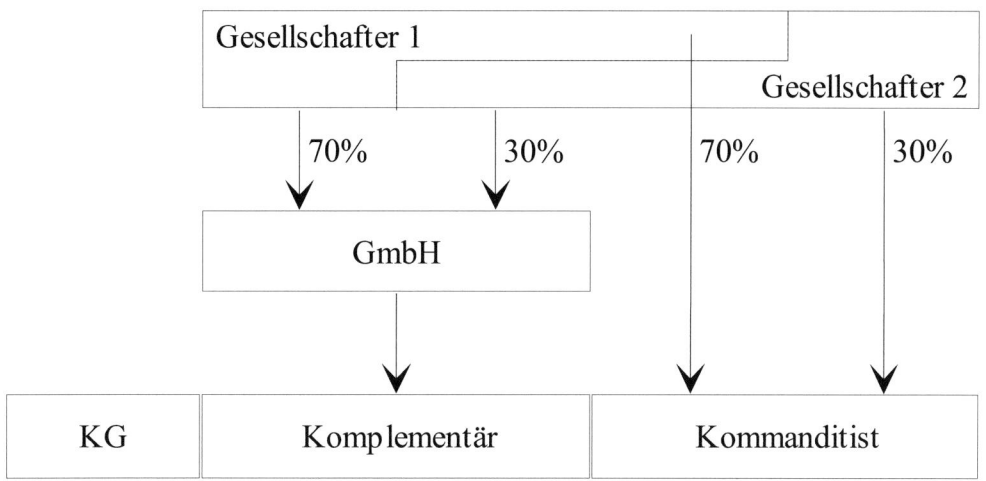

Abbildung 45 - GmbH & Co. KG – Bestimmungsfaktoren für die Rechtsformwahl

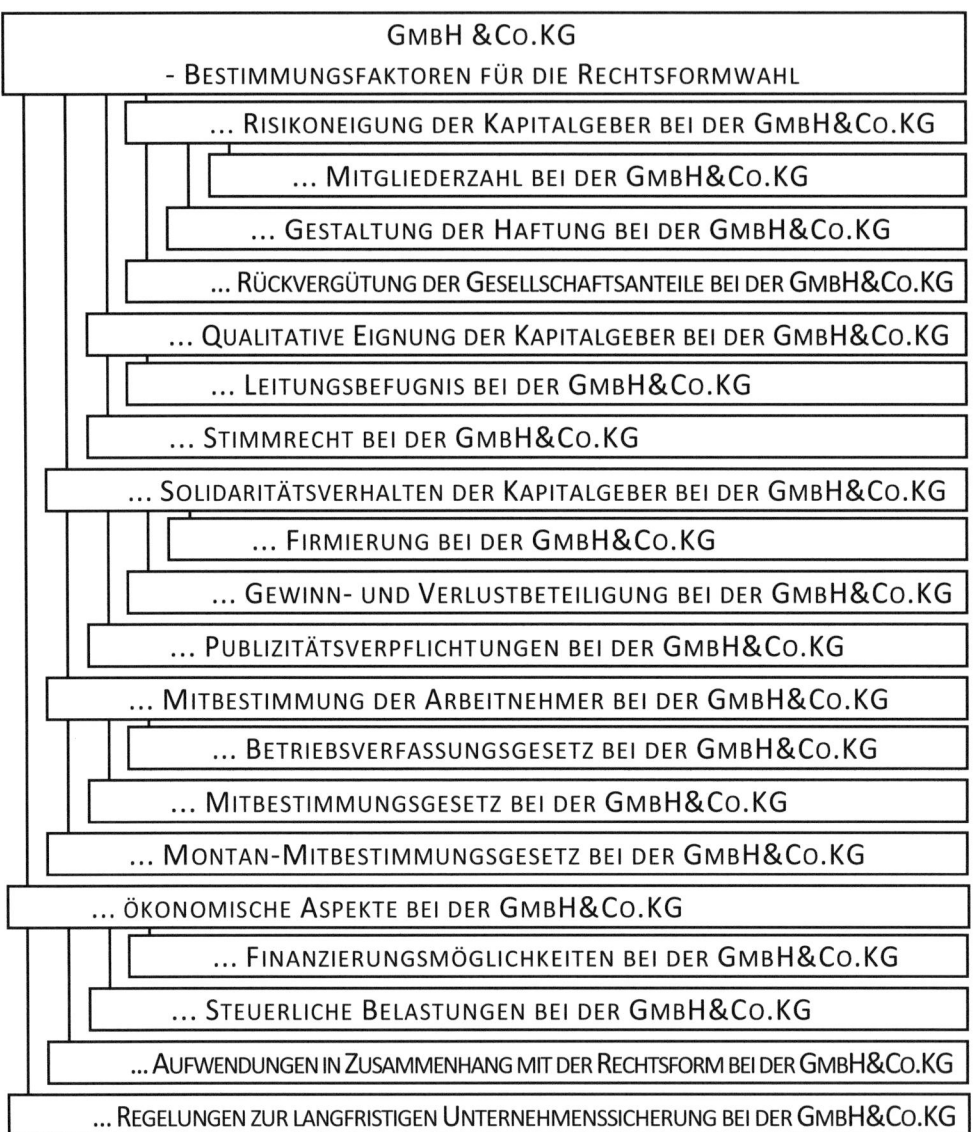

GMBH &CO.KG
- BESTIMMUNGSFAKTOREN FÜR DIE RECHTSFORMWAHL

... RISIKONEIGUNG DER KAPITALGEBER BEI DER GMBH&CO.KG

... MITGLIEDERZAHL BEI DER GMBH&CO.KG

... GESTALTUNG DER HAFTUNG BEI DER GMBH&CO.KG

... RÜCKVERGÜTUNG DER GESELLSCHAFTSANTEILE BEI DER GMBH&CO.KG

... QUALITATIVE EIGNUNG DER KAPITALGEBER BEI DER GMBH&CO.KG

... LEITUNGSBEFUGNIS BEI DER GMBH&CO.KG

... STIMMRECHT BEI DER GMBH&CO.KG

... SOLIDARITÄTSVERHALTEN DER KAPITALGEBER BEI DER GMBH&CO.KG

... FIRMIERUNG BEI DER GMBH&CO.KG

... GEWINN- UND VERLUSTBETEILIGUNG BEI DER GMBH&CO.KG

... PUBLIZITÄTSVERPFLICHTUNGEN BEI DER GMBH&CO.KG

... MITBESTIMMUNG DER ARBEITNEHMER BEI DER GMBH&CO.KG

... BETRIEBSVERFASSUNGSGESETZ BEI DER GMBH&CO.KG

... MITBESTIMMUNGSGESETZ BEI DER GMBH&CO.KG

... MONTAN-MITBESTIMMUNGSGESETZ BEI DER GMBH&CO.KG

... ÖKONOMISCHE ASPEKTE BEI DER GMBH&CO.KG

... FINANZIERUNGSMÖGLICHKEITEN BEI DER GMBH&CO.KG

... STEUERLICHE BELASTUNGEN BEI DER GMBH&CO.KG

... AUFWENDUNGEN IN ZUSAMMENHANG MIT DER RECHTSFORM BEI DER GMBH&CO.KG

... REGELUNGEN ZUR LANGFRISTIGEN UNTERNEHMENSSICHERUNG BEI DER GMBH&CO.KG

MITGLIEDERZAHL BEI DER GMBH & CO.KG

Mindestens zwei Gesellschafter analog der KG gründen eine GmbH & Co. KG jedoch mit der Einschränkung, dass der Komplementär (Vollhafter) eine juristische Person, die mit ihrem Gesellschaftsvermögen haftet ist.

GESTALTUNG DER HAFTUNG BEI DER GMBH & CO.KG

Die Haftung der GmbH & Co. KG ist auf das Gesellschaftsvermögen der KG sowie der GmbH beschränkt.

RÜCKVERGÜTUNG DER GESELLSCHAFTSANTEILE BEI DER GMBH & CO.KG

Bei einer äquipersonalen GmbH & Co. KG ist die Rückvergütung von Gesellschaftsanteilen der Kommanditisten vertraglich meist ausgeschlossen. Bei einer GmbH & Co. KG im weiteren Sinne sind i.d.R. die Kommanditanteile analog der KG kündbar.

LEITUNGSBEFUGNIS BEI DER GMBH & CO.KG

Leitungsbefugt nach innen und außen ist/ sind der/ die Gesellschafter der GmbH analog der GmbH mit ihren Organen. Der/ Die Geschäftsführer sind berechtigt, Prokuren und Handlungsvollmachten zu erteilen.

STIMMRECHT BEI DER GMBH & CO.KG

Das Stimmrecht des KG-Anteils bestimmt sich analog der KG-Gesetzgebung; das des GmbH-Anteils wird nach prozentualem Anteil an der Gesellschaft bestimmt, wobei jeder Euro eines Gesellschaftsanteils eine Stimme gewährt.

FIRMIERUNG BEI DER GMBH & CO.KG

Die Firma der GmbH & Co.KG muss den Namen der Komplementär-GmbH enthalten mit dem das Gesellschaftsverhältnis enthaltenen Zusatz `& Co.´ (und Compagnon).

GEWINN- UND VERLUSTBETEILIGUNG BEI DER GMBH&CO.KG

Die Gewinn- und Verlustbeteiligung richtet sich nach dem Teil der Gesellschaft, in der der Gewinn angefallen ist: innerhalb der GmbH im Verhältnis der Geschäftsanteile, innerhalb der KG erfolgt eine gesetzliche 4%-Verzinsung der Kapitalanlage, der Rest wird angemessen verteilt.

PUBLIZITÄTSVERPFLICHTUNGEN BEI DER GMBH&CO.KG

Es gilt das zur GmbH dargelegte. -> Mitbestimmung der Arbeitnehmer bei der GmbH.

MITBESTIMMUNG DER ARBEITNEHMER BEI DER GMBH&CO.KG

Es gilt das zur GmbH dargelegte. -> Mitbestimmung der Arbeitnehmer bei der GmbH.

FINANZIERUNGSMÖGLICHKEITEN BEI DER GMBH&CO.KG

Die Finanzierung der GmbH & Co. KG im weiteren Sinne ist durch die Aufnahme neuer Kommanditisten möglich ohne eine Änderung der personellen Zusammensetzung der GmbH. Bei äquipersonaler Zusammensetzung beider Rechtsformen gilt das im Zusammenhang mit der GmbH dargestellte.

STEUERLICHE BELASTUNGEN BEI DER GMBH&CO.KG

Je nach Gesellschaftsanteil, in der die Besteuerung zu erfolgen hat, ist es die Einkommensteuer für den KG-Anteil und die Körperschaftsteuer für den GmbH-Anteil.

AUFWENDUNGEN IN ZUSAMMENHANG MIT DER RECHTSFORM BEI DER GMBH&CO.KG

Es gilt das zur GmbH erörterte. -> Aufwendungen in Zusammenhang mit der Rechtsform.

Bei äquipersonaler Ausgestaltung der GmbH- und KG-Anteile ist rechtzeitig eine Nachfolgeregelung zu treffen im Sinne einer bisherigen Selbstorganschaft, über deren eventuellen Ersatz oder eine Neuregelung durch eine Fremdorganschaft zu entscheiden. Es gilt das zur KG bzw. GmbH diskutierte.

DOPPELGESELLSCHAFT

Eine **Doppelgesellschaft** entsteht in der Regel aus einem in einer wirtschaftlichen Rechtsform geführten Betrieb unter Aufrechterhaltung seiner wirtschaftlichen Einheit auf dem Wege der **Betriebsaufspaltung**.

An den rechtlich selbständigen Gesellschaften sind i. d. R. dieselben Gesellschafter beteiligt.

Die unterschiedlichen Ziele der Bildung von Doppelgesellschaften können sein: Haftungsbeschränkungen, Risikobegrenzung, Vermögenssicherung, Umgehung der Publizitätsverpflichtung oder steuerliche Aspekte.

In der Praxis handelt es sich bei Doppelgesellschaften um Gesellschaften, bei denen der eine Teil des Betriebs eine Personengesellschaft, der andere Teil eine Kapitalgesellschaft ist.

Unter dem Aspekt der Risikobegrenzung und Haftungsbeschränkung ist bspw. die Leistungserstellung und der Besitz des Anlagevermögens mit geringem Risiko behaftet, so dass für diese Teile des Betriebs eine Personengesellschaft als Rechtsform vorherrscht, während die Leistungsverwertung und die Nutzung des Umlaufvermögens mit hohem Risiko behaftet ist, und somit i.d.R. in Form der Rechtsform einer Kapitalgesellschaft aufgrund der Haftungsbeschränkung betrieben wird.

Werden die Größenmerkmale zur Veröffentlichungspflicht gemäß §1 PublG bezüglich der Bilanzsumme, Umsatzerlösen und Anzahl der Beschäftigten von Bilanz und GuV-Rechnung überschritten, so ist eine Doppelgesellschaft eine geeignete Form, diese Größen nach unten zu korrigieren. Als steuerliche Aspekte sind die Gewinnverschiebung zwischen den beiden Gesellschaften, und die steuergünstige Gewinneinbehaltung bei Personengesellschaften ebenso zu nennen wie die Situation, dass keine Vermögensteuer anfällt.

5 Konstitutionaler Rahmen: Unternehmenswendepunkte

Siehe Betriebswirtschaftslehre – eine Einführung in hierarchischen Modulen – Band 5.

6 Institutionaler Rahmen von Betrieben

Siehe Betriebswirtschaftslehre – eine Einführung in hierarchischen Modulen – Band 6.

Sachwortregister

Nutzung des Sachwortregisters:

Den Begriffsinhalt zum Sachwort finden Sie, in dem Sie der Seitenzahl oder dem (blauen) Pfeil folgen.

Das Modul, in dem das Sachwort steht, finden Sie in der Kapitelangabe.

A

AG -> Aktiengesellschaft (AG) -> 37 -> 4.2.4.2

AG, Organe der -> Organe der AG -> 41 -> 4.2.4

Agio -> 37 -> 4.2.4.2

Aktiengesellschaft (AG) -> 37 -> 4.2.4.2

Aktiengesellschaft, Aufsichtsrat einer -> Aufsichtsrat einer AG -> 42 -> 4.2.4

Aktiengesellschaft, Hauptversammlung einer -> Hauptversammlung einer AG -> 43 -> 4.2.4.2

Aktiengesellschaft, Organe der -> Organe der AG -> 41 -> 4.2.4.2

Aktiengesellschaft, Vorstand einer -> Vorstand der AG -> 41 -> 4.2.4.2

Arbeitsdirektor ->12 + 51 + 54 -> 4.1 + 4.2.4.3 + 4.2.5

Arbeitsdirektor bei der Genossenschaft -> 54 -> 4.2.5

Arbeitsdirektor bei der GmbH -> 51 -> 4.2.4.3

Arbeitsdirektor beim MitBestG -> 12 -> 4.1

Aufsichtsrat der AG -> 42 -> 4.2.4.2

Aufsichtsrat der GmbH -> 51 -> 4.2.4.3

Aufsichtsrat einer Genossenschaft -> 54 -> 4.2.5

Aufwendungen im Zusammenhang mit der Rechtsform – allgemein -> 14 -> 4.1

Aufwendungen in Zusammenhang mit der Rechtsform bei der GmbH -> 49 -> 4.2.4.3

Aufwendungen mit der Rechtsform bei der AG -> 40 -> 4.2.4.2

Aufwendungen in Zusammenhang mit der Rechtsform bei Einzelunternehmen -> 20 -> 4.2.2

Aufwendungen in Zusammenhang mit der Rechtsform bei der KG -> 34 -> 4.2.3.5

Aufwendungen in Zusammenhang mit der Rechtsform bei der OHG -> 28 -> 4.2.3.4

Aufwendungen in Zusammenhang mit der Rechtsform bei der GmbH&CO.KG -> 62 -> 4.2.6

B

Beschlussfassungsorgan der AG -> Hauptversammlung der AG -> 43 -> 4.2.4.2

Beschlussorgan der GmbH -> Gesellschafterversammlung der GmbH -> 51 -> 4.2.4.3

besondere Rechtsformen -> 53 -> 4.2.5

Bestimmungsfaktoren für die Rechtsformwahl von privatrechtlichen Betrieben -> 5 -> 4.1

Betriebsaufspaltung -> 64 -> 4.2.6

Betriebsrat, Aufgaben des -> Aufgabe des Betriebsrats -> 11 -> 4.1

Betriebsrat, Rechte des -> Rechte des Betriebsrats -> 12 -> 4.1

Betriebsverfassungsgesetz -> 11 -> 4.1

CD

Doppelgesellschaft -> 64 -> 4.2.6

E

Einkommensteuer -> 14 -> 4.1

Einzelunternehmen -> 18 -> 4.2.2

Ertragsteuern -> 14 -> 4.1

F

Finanzierungsmöglichkeiten – AG -> 39 -> 4.2.4.2

Finanzierungsmöglichkeiten – allgemein -> 13 -> 4.1

Finanzierungsmöglichkeiten beim Einzelunternehmen -> 19 -> 4.2.2

Finanzierungsmöglichkeiten bei der GmbH -> 48 -> 4.2.4.3

Finanzierungsmöglichkeiten bei der GmbH&Co. KG-> 62 -> 4.2.6

Finanzierungsmöglichkeiten bei der KG -> 34 -> 4.2.3.5
Finanzierungsmöglichkeiten bei der OHG -> 28 -> 4.2.3.4
Firmierung bei der AG -> 38 -> 4.2.4.2
Firmierung – allgemein -> 9 -> 4.1
Firmierung beim Einzelunternehmen -> 19 -> 4.2.2
Firmierung bei der GmbH -> 47 -> 4.2.4.3
Firmierung bei der GmbH&CoKG -> 61 -> 4.2.6
Firmierung bei der KG -> 33 -> 4.2.3.5
Firmierung bei der OHG -> 27 -> 4.2.3.4
Fremdorganschaft -> 7 -> 4.1
Fremdorganschaft -> Kapitalgesellschaften -> 35 -> 4.2.4.1
Fremdorganschaft -> Geschäftsführer der GmbH -> 50 -> 4.2.4.3
G
Generalversammlung/ Vertreterversammlung einer Genossenschaft -> 55 -> 4.2.5
Genossenschaft -> 53 -> 4.2.5
Gesamtgeschäftsführung -> 22 -> 4.2.3.2
Gesamthandsvermögen -> 21 -> 4.2.3
Geschäftsführer der GmbH -> 50 -> 4.2.4.3
Geschäftsführung -> 7 -> 4.1
Gesellschaft bürgerlichen Rechts (GbR) -> 22 -> 4.2.3.2
Gesellschaft mit beschränkter Haftung (GmbH) -> GmbH -> 46 -> 4.2.4.3
Gesellschaft mit beschränkter Haftung & Co. Kommanditgesellschaft -> GmbH & Co. KG -> 58 -> 4.2.6
Gesellschaft, Stille -> Stille Gesellschaft -> 24 -> 4.2.3.3
Gesellschafteranteile -> 6 -> 4.1
Gesellschafter-Geschäftsführer bei der GmbH -> 50 -> 4.2.4.3
Gesellschafterversammlung der GmbH -> 51 -> 4.2.4.3
Gesellschaftsvermögen -> Gesellschaftsvermögen bei der AG -> 37 -> 4.2.4.2
Gesellschaftsvermögen -> Gesellschaftsvermögen bei der Gesellschaft bürgerlichen Rechts -> 22 -> 4.2.3.2
Gesellschaftsvermögen -> Gesellschaftsvermögen bei der GmbH -> 46 -> 4.2.4.3
Gesellschaftsvermögen -> Gesellschaftsvermögen bei der GmbH&CoKG -> 61 ->4.2.6
Gesellschaftsvermögen -> Gesellschaftsvermögen bei Kapitalgesellschaften -> 35 -> 4.2.4.1
Gesellschaftsvermögen -> Gesellschaftsvermögen bei Personengesellschaften -> 21 -> 4.2.3.1
Gestaltung der Haftung bei der AG -> 38 -> 4.2.4.2
Gestaltung der Haftung – allgemein -> 6 -> 4.1
Gestaltung der Haftung beim Einzelunternehmen -> 18 -> 4.2.2
Gestaltung der Haftung bei der GmbH -> 46 -> 4.2.4.3
Gestaltung der Haftung bei der GmbH&CoKG -> 61 -> 4.2.6
Gestaltung der Haftung bei der KG -> 32 -> 4.2.3.5
Gestaltung der Haftung bei der OHG -> 26 -> 4.2.3.4
Gewerbeertragsteuer -> 14 -> 4.1
Gewerbekapitalsteuer -> 14 -> 4.1
Gewinn- und Verlustbeteiligung bei der AG -> 39 -> 4.2.4.2
Gewinn- und Verlustbeteiligung – allgemein -> 10 -> 4.1
Gewinn- und Verlustbeteiligung beim Einzelunternehmen -> 19 -> 4.2.2
Gewinn- und Verlustbeteiligung bei der GmbH -> 47 -> 4.2.4.3
Gewinn- und Verlustbeteiligung bei der GmbH&CoKG -> 62 ->4.2.6
Gewinn- und Verlustbeteiligung bei der KG -> 33 -> 4.2.3.5
Gewinn- und Verlustbeteiligung bei der OHG -> 27 -> 4.2.3.4
GmbH & Co. KG -> 58 -> 4.2.6
GmbH & Co. KG im engeren Sinne -> 58 ->4.2.6
GmbH & Co. KG im weiteren Sinne -> 58 -> 4.2.6

GmbH, Aufsichtsrat der -> Aufsichtsrat der GmbH -> 51 -> 4.2.4.3
GmbH, Geschäftsführung einer -> Geschäftsführung einer GmbH -> 50 -> 4.2.4.3
GmbH, Organe der -> 50 -> 4.2.4.3
Grunderwerbsteuer -> 14 -> 4.1
Grundkapital der AG -> 37 -> 4.2.4.2
Grundkapital der KGaA -> 52 -> 4.2.4.4
Grundkapital -> 37 -> 4.2.4.2
Grundsteuer -> 14 -> 4.1
Haftung -> 6 -> 4.1
Handelsgesellschaft, Offene -> Offene Handelsgesellschaft (OHG) -> 26 -> 4.2.3.4
Hauptversammlung der AG -> 43 -> 4.2.4.2
IJK
Kapitalerhöhung der AG -> Kapitalerhöhung der AG -> 37 -> 4.2.4.2
Kapitalgeber, Risikoneigung der -> Risikoneigung der Kapitalgeber -> 5 -> 4.1
Kapitalgesellschaften -> 35 -> 4.2.4.1
Kommanditgesellschaft (KG) -> 31 -> 4.2.3.5
KGaA -> Kommanditgesellschaft auf Aktien (KGaA) -> 52 -> 4.2.4.4
Kommanditgesellschaft auf Aktien (KGaA) -> 52 -> 4.2.4.4
Kommanditist -> 32 -> 4.2.3.5
Komplementär -> 32 -> 4.2.3.5
Körperschaftsteuer -> 14 -> 4.1
L
Leitungsbefugnis -> 7 -> 4.1
Leitungsbefugnis bei der AG -> 38 -> 4.2.4.2
Leitungsbefugnis beim Einzelunternehmen -> 18 -> 4.2.2
Leitungsbefugnis bei der GmbH -> 47 -> 4.2.4.3
Leitungsbefugnis bei der GmbH&CoKG -> 61 ->4.2.6
Leitungsbefugnis bei der KG -> 32 -> 4.2.3.5
Leitungsbefugnis bei der OHG -> 27 -> 4.2.3.4
Leitungsorgan -> 7 -> 4.1
Leitungsorgan der AG -> 41 -> 4.2.4.2
Leitungsorgan der GmbH -> 50 -> 4.2.4.3
M
Mindestnennbetrag bei Aktien -> Mindestnennbetrag -> 37 -> 4.2.4.2
Mindeststammkapital der der Gesellschaft mit beschränkter Haftung -> 46 -> 4.2.4.3
Mitbestimmung -> Mitbestimmungsgesetz -> 12 -> 4.1
Mitbestimmung der Arbeitnehmer bei der Aktiengesellschaft -> 39 -> 4.2.4.2
Mitbestimmung der Arbeitnehmer allgemein -> 10 -> 4.1
Mitbestimmung der Arbeitnehmer bei Einzelunternehmen -> 19 -> 4.2.2
Mitbestimmung der Arbeitnehmer der Gesellschaft mit beschränkter Haftung -> 48 -> 4.2.4.3
Mitbestimmung der Arbeitnehmer bei der GmbH & Co. KG -> 62 -> 4.2.6
Mitbestimmung der Arbeitnehmer bei Kommanditgesellschaft -> 34 -> 4.2.3.5
Mitbestimmung der Arbeitnehmer der Offenen Handelsgesellschaft -> 28 -> 4.2.3.4
Mitbestimmung -> Mitbestimmung der Arbeitnehmer -> 10 -> 4.1
Mitbestimmungsrecht -> 12 -> 4.1
Mitgliederzahl -> 5 -> 4.1
Mitgliederzahl bei der AG -> 37 -> 4.2.4.2
Mitgliederzahl beim Einzelunternehmen -> 18 -> 4.2.2
Mitgliederzahl bei der GmbH -> 46 -> 4.2.4.3
Mitgliederzahl bei der GmbH&Co.KG -> 61 -> 4.2.6
Mitgliederzahl bei der KG -> 32 -> 4.2.3.5

Mitgliederzahl bei der OHG -> 26 -> 4.2.3.4

N

Nennwert, über -> über Nennwert -> über pari -> 37 -> 4.2.4.2

Nennwert, unter -> unter Nennwert -> unter pari -> 37 -> 4.2.4.2

Nutzwertanalyse -> 5 -> 4.1

O

Offene Handelsgesellschaft (OHG) -> 26 -> 4.2.3.4

Organe der AG -> 41 -> 4.2.4.2

Organe der GmbH -> 50 -> 4.2.4.3

P

Personengesellschaft -> 21 -> 4.2.3.1

Fehler! Verweisquelle konnte nicht gefunden werden. -> **Fehler! Textmarke nicht definiert.** -> 4.2.3.1

Publizitätsgesetz -> 10 -> 4.1

Publizitätspflicht -> 10 -> 4.1

QR

Rechtsfähigkeit, relative -> relative Rechtsfähigkeit -> 31 -> 4.2.3.5

Rechtsformen, besondere -> besondere Rechtsformen -> 53 -> 4.2.5

Rechte des Betriebsrats -> 12 -> 4.1

Regelungen zur langfristigen Unternehmenssicherung – allgemein -> 15 -> 4.1

Regelungen zur langfristigen Unternehmenssicherung bei der GmbH -> 49 -> 4.2.4.3

Regelungen zur langfristigen Unternehmenssicherung bei der AG -> 40 -> 4.2.4.2

Regelungen zur langfristigen Unternehmenssicherung bei Einzelunternehmen -> 20 -> 4.2.2

Regelungen zur langfristigen Unternehmenssicherung bei der KG -> 34 -> 4.2.3.5

Regelungen zur langfristigen Unternehmenssicherung bei der OHG -> 29 -> 4.2.3.4

Regelungen zur langfristigen Unternehmenssicherung bei der Gesellschaft mit beschränkter Haftung&Co.KG -> 63 -> 4.2.6

Risikoneigung der Kapitalgeber -> 5 -> 4.1

Rückvergütung der Gesellschaftsanteile – Aktiengesellschaft -> 38 -> 4.2.4.2

Rückvergütung der Gesellschaftsanteile – Einzelunternehmen -> 18 -> 4.2.2

Rückvergütung der Gesellschaftsanteile – Gesellschaft mit beschränkter Haftung -> 47 -> 4.2.4.3

Rückvergütung der Gesellschaftsanteile – Kommanditgesellschaft -> 32 -> 4.2.3.5

Rückvergütung der Gesellschaftsanteile – Offene Handelsgesellschaft -> 27 -> 4.2.3.4

Rückvergütung der Gesellschaftsanteile – Gesellschaft mit beschränkter Haftung&Co.KG -> 61 -> 4.2.6

Rückvergütungsmöglichkeiten von Anteilen – allgemein -> 6 -> 4.1

S

Satzung einer GmbH -> 46 -> 4.2.4.3

Selbstorganschaft – allgemein -> 7 -> 4.1

Selbstorganschaft – GmbH -> 49 -> 4.2.4.3

Solidaritätsverhalten der Kapitalgeber -> 9 -> 4.1

Steuern ->steuerliche Belastungen -> 14 -> 4.1

Steuerliche Belastungen der AG -> 40 -> 4.2.4.2

Steuerliche Belastungen beim Einzelunternehmen -> 20 -> 4.2.2

Steuerliche Belastungen bei der GmbH -> 49 -> 4.2.4.3

Steuerliche Belastungen bei der GmbH&Co.KG -> 62 -> 4.2.6

Steuerliche Belastungen bei der KG -> 34 -> 4.2.3.5

Steuerliche Belastungen bei der OHG -> 28 -> 4.2.3.4

Stille Gesellschaft -> 24 -> 4.2.3.3

Stimmrecht bei der AG-> 38 -> 4.2.4.2

Stimmrecht – allg. -> 8 -> 4.1

Stimmrecht beim Einzelunternehmen -> 18 -> 4.2.2

Stimmrecht bei der GmbH -> 47 -> 4.2.4.3

Stimmrecht bei der GmbH&Co.KG -> 61 -> 4.2.6
Stimmrecht bei der KG -> 33 -> 4.2.3.5
Stimmrecht bei der OHG -> 27 -> 4.2.3.4
Substanzsteuern -> 14 -> 4.1
TU
über pari -> 37 -> 4.2.4.2
Überwachungsorgan der AG -> 42 -> 4.2.4.2
Unternehmensmischformen -> 57 -> 4.2.6
V
Vereine, nicht rechtsfähige -> nicht rechtsfähige Vereine -> 56 -> 4.2.5
Vereine, rechtsfähige -> rechtsfähige Vereine -> 56 -> 4.2.5
Verkehrssteuern -> 14 -> 4.1
Vermögensteuer -> 14 -> 4.1
Vertretung -> Leitungsbefugnis -> 7 -> 4.1
Vertretungsmacht -> 8 -> 4.1
Vertretungsmacht bei der GmbH -> 50 -> 4.2.4.3
Vorstand der AG -> 41 ->4.2.4.2
Vorstand einer Genossenschaft -> 54 -> 4.2.5
WXYZ

Literaturverzeichnis

Bartsch, J., & Fischer, G. (1976). *Optische Betriebswirtschaftslehre, Heft 1: 20 Schaubilder zu den Grundlagen der Betriebswirtschaftslehre.* Berlin, Herne: Neue Wirtschafts-Briefe.

Bea, F. X. (ab 6. Aufl., 1992). Konstitutive Entscheidungen. In Bea, Dichtl, & S. (Hrsg.), *Allgemeine Betriebswirtschaftslehre, Band 1: Grundlagen* (S. 310ff.). Stuttgart, Jena.

Hopfenbeck, W. (ab 14. Aufl., 2002). *Allgemeine Betriebswirtschaftslehre und Managementlehre.* Landsberg/ Lech: verlag moderne industrie.

Kugler, G. (. (ab 12. Aufl., 1992). *Be¬triebs¬wirt¬schafts¬leh¬re der Unternehmung.* Haan-Gruiten: Europa-Lehrmittel.

Luger, A. E. (2004). Der Aufbau des Betriebes. In A. E. Luger, *Allgemeine Betriebswirtschaftslehre, Band 1* (S. 113ff.). München, Wien: Carl Hanser Verlag.

Peters, S. (ab 12. Aufl., 2005). *Betriebswirtschaftslehre.* München: Oldenbourg Verlag.

Schierenbeck, H. (ab 17. Aufl., 2008). *Grundzüge der Betriebswirtschaftslehre.* München, Wien: Olden-bourg Verlag.

Selchert, F. W. (ab 4. Aufl., 2003). *Einführung in die Betriebswirtschaftslehre.* München: Oldenbourg Verlag.

Steiner, M. (ab 5. Aufl., 2005). Konstitutive Entscheidungen. In *Vahlens Kompendium der Betriebswirtschaftslehre, Band 1.* München: Verlag Franz Vahlen.

Wöhe, G. (ab 25. Aufl.,2013). *Einführung in die allgemeine Betriebswirtschaftslehre.* München: Franz Vahlen Verlag.

Über den Autor

Dr. Eike Clausius (www.eikeclausius.de) studierte Wirtschaft und Chemie in Berlin, Niederlanden, (ehem.) Tschechoslowakei sowie den USA und schloss sein Studium als Wirtschaftsingenieur an der TU Berlin mit dem Dipl.-Ingenieur/ TU 1983 ab.

Nach mehrjähriger Tätigkeit in der Industrie promovierte er 1992 zum Dr. rer. oec. an der TU Berlin. 1994 erhielt er einen Ruf zum Professor auf den Lehrstuhl für Allgemeine Betriebswirtschaftslehre an die Westsächsischen Hochschule Zwickau in Zwickau/ Sachsen. Er erweiterte seine Kenntnisse um den Forschungs- und Spezialschwerpunkt: Unternehmensführung mit emotionaler Kompetenz, insbesondere die **EIKE-Methode – E**motional-**I**ntelligence-as-**K**ey-**E**lement.

Er ist Bestseller-Autor mehrerer wissenschaftlicher Bücher, Healthy-Living- und Mental-Coach sowie Persönlichkeits-Trainer. In unterschiedlichen Unternehmen ist er als Coach sowie All-umfassender Trainer tätig.

Mit seiner Familie lebt er in Berlin.

Kontakt zum Autor für Seminarinteressierte, Unterstützer seiner Forschungsgebiete und Sponsoren:

Homepage: www.eikeclausius.de; www.EIKE-Methode.de

www.das-zweite-gehalt.de; www.the-second-income.de; www.la-segunda-fuente.de
Email: ecl@eikeclausius.de

<u>Notizen</u>

Notizen

Notizen

Notizen